# Mīlestība
## ir Bauslības piepildījums

garīgā mīlestība nenovērtējama un brīnišķa.

2. daļa, „Mīlestība, kas aprakstīta Nodaļā par mīlestību," nosacīti sadala 13. nodaļu Pirmajā Korintiešu vēstulē trīs sadaļās. Pirmā, „Dievam tīkama mīlestība," (1. vēst. Korintiešiem 13:1-3) ir ievads otrajai daļai, kurā pasvītrots garīgās mīlestības svarīgums. Otrā, „Mīlestībai raksturīgās īpašības" (1. vēst. Korintiešiem, 13:4-7), ir galvenā sadaļa Nodaļai par mīlestību, un stāsta mums par 15 garīgās mīlestības īpašībām. Trešā, „Pilnīgā mīlestība," – tā ir nobeiguma sadaļa par mīlestību, no kuras mēs uzzinām, ka ticība un cerība mums vajadzīgas vienīgi uz to laiku, kamēr mēs dzīvojam uz šīs zemes, tajā pat laikā kā mīlestība ilgst mūžīgi un nepieciešama visiem pat Debesu Valstībā.

3. daļā, „Mīlestība ir Bauslības piepildījums," izskaidrots, ko nozīmē pildīt Baušļus ar mīlestību. Šī grāmatas daļa aizved lasītāju līdz Dieva mīlestības dziļumiem, Kurš audzē cilvēci uz šīs zemes, un tāpat Kristus mīlestības dziļumu, kas atvēra mums Glābšanas ceļu.

Ievads

Ceru, ka caur Dieva patiesību, lasītāji mainīsies, kultivējot sevī pilnīgo mīlestību...

Viens no televīzijas kanāliem kādreiz veica precēto sieviešu aptauju. Viņām jautāja: ja viņām tagad nāktos izvēlēties vīru, vai viņas stātos laulībā ar to pašu cilvēku, ar kuru pašlaik precējušās? Rezultāts izrādījās šokējošs. Tikai 4 procenti sieviešu atbildēja, ka izvēlētos to pašu vīrieti. Bet starp citu, visas viņas izgāja pie vīra aiz mīlestības, tad kādēļ gan viņu attieksme pret vīriem tā izmainījusies? Tādēļ ka viņas nemīlēja viņus ar garīgu mīlestību. Šī grāmata „Bauslības piepildījums ir mīlestība," iemācīs mums, kā mīlēt ar garīgu mīlestību.

1. daļā, „Mīlestības nozīmīgums," izskatītas dažādas mīlestības izpausmes, kuras var sastapt attiecībās starp vīru un sievu, vecākiem un bērniem, starp draugiem un kaimiņiem; un tas dos mums iespēju saprast atšķirību starp miesīgu un garīgu mīlestību. Garīgā mīlestība – tā ir spēja mīlēt citu cilvēku ar nemainīgu sirdi, neko negaidot pretī. Pretstatā tai, miesīgā mīlestība mainīsies, ja mainīsies apstākļi. Lūk, kāpēc

esmu mīlējis, lai arī jūs tāpat cits citu mīlētu. No tam visi pazīs, ka jūs esat Mani mācekļi, ja jums būs mīlestība savā starpā," (Jāņa, 13:34-35).

Šī grāmata tiek publicēta priekš tā, lai lasītājs varētu uzaudzēt sevī garīgo mīlestību un attiecīgi izmainīties patiesībā. Es izsaku pateicību Gimam San Vinam, redakcijas biroja direktoram, un tāpat visiem viņa darbiniekiem un ceru, ka visi šīs grāmatas lasītāji, izpildījuši Baušļus ar mīlestību, beigu rezultātā iegūs Jauno Jeruzalemi, pašu brīnišķīgāko mājvietu Debesīs.

*Džejs Roks Lī.*

laikā tie, kas stingri sekoja Baušļu izpildei, bija koncentrējušies tikai uz Bauslības formālo pusi un nesaprata patieso Dieva mīlestību. Beigu beigās, apsūdzot Vienpiedzimušo Dieva Dēlu Jēzu, Dieva zaimošanā un Baušļu pārkāpšanā, tie Viņu piesita krustā. Viņi nesaprata Dieva mīlestību, kas ietverta Baušļos.

1. vēstulē Korintiešiem, 13. nodaļā dots „garīgās mīlestības" raksturojums. Tādas mīlestības piemēru mums parādīja Dievs, kas sūtīja Savu Vienpiedzimušo Dēlu, lai mūs izglābtu. Viņam bija vajadzīgs nomirt mūsu grēku dēļ. Mīlestība mudināja Kungu atteikties no slavas, kura Viņam bija Debesīs. Viņš mīl mūs tik ļoti, ka uzņēmās par mums krusta mokas. Un, ja mēs gribam, lai miljoniem bojāejošo dvēseļu šajā pasaulē uzzinātu par Dieva mīlestību, mums jāsaprot, kas tas tāds garīgā mīlestība un jāparāda tā darbos.

„Jaunu Bausli Es jums dodu, ka jūs cits citu mīlat, kā Es jūs mīlestība, un bez mīlestības uz Dievu mēs nevaram pilnībā izpildīt Baušļus.

Par tādas mīlestības spēku vēstīts kādā no stāstiem. Jauna cilvēka lidmašīna lidojot pār tuksnesi cieta avāriju. Viņa tēvs bija bagāts cilvēks. Un, lai atrastu dēlu, viņš pieņēma darbā glābēju - meklētāju komandu; taču visas pūles bija veltīgas. Tad viņš lika izkaisīt pa visu tuksnesi miljoniem lapu uz kurām bija rakstīts: „Dēliņ, es tevi mīlu." Un dēls, kurš klejoja pa tuksnesi, atrada vienu no lapiņām; šie vārdi deva viņam spēku, un viņš spēja izturēt līdz laikam, kamēr viņu beidzot atrada. Patiesa tēva mīlestība izglāba viņa dēlu. Un tieši tāpat, kā šis tēvs izplatīja lapiņas pa visu tuksnesi, mums jāliecina par Dieva mīlestību, lai par to zinātu visi ļaudis.

Dievs pierādīja Savu mīlestību, sūtot uz zemi Savu Vienpiedzimušo Dēlu Jēzu, lai izglābtu grēcīgo cilvēci. Taču Jēzus

Priekšvārds

# Ceru, ka garīgā mīlestība palīdzēs lasītājiem iegūt Jauno Jeruzalemi...

Lielbritānijā tika rīkota reklāmas akcija, kuras laikā cilvēkiem jautāja, kā visātrāk nokļūt līdz Edinburgai, Skotijai un Londonai? Par pašu labāko atbildi bija apsolīta balva. Par labāko bija atzīta sekojoša atbilde: „Jāceļo ar mīļoto cilvēku." Mēz zinām, ka ja dodamies ceļā ar mīlamu cilvēku, tad pat pats tālākais attālums šķitīs īss. Ja mēs mīlam Dievu, tad Dieva baušļi nebūs priekš mums grūti, un mēs sāksim tos pielietot ikdienas dzīvē (1. Jāņa vēst. 5:3). Jo Dievs devis mums Baušļus un pavēlējis pildīt Viņa pavēles, nepavisam ne tādēļ, lai sarežģītu mūsu dzīvi.

Vārds „Bauslis" cēlies no vārda „Tora," kas ivritā nozīmē „noteikumi" un „pamācības." Toru parasti sauc par Piecu grāmatu sakopojumu, kurā doti Desmit Baušļi. Ar „Bauslību" tāpat domātas arī visas 66 Bībeles grāmatas, caur kurām Dievs runā, kas mums jādara un, kas nav jādara un no kā nepieciešams atbrīvoties. Daži uzskata, ka Baušļi un mīlestība nekādā veidā nav saistīti cits ar citu, bet, īstenībā, tie nav atdalāmi. Dievs – tā ir

*„Mīlestība tuvākajam ļauna nedara: tā tad bauslības piepildījums ir – mīlestība,"*

(Vēstule Romiešiem 13:10)

**Mīlestība ir Bauslības piepildījums** autors Dr. Džejs Roks Lī
Izdots „Urim Buks." (Pārstāvis : Johnny H. kim)
361-66, Shindaebang-Dong, Dongjak-Gu, Seula, Koreja.
www.urimbooks.com

Visas tiesības aizsargātas. Grāmata, daļēji vai pilnībā nedrīkst tikt pavairota nekādā formā, saglabāta meklētājsistēmā vai nodota kādā citā veidā – elektroniskā, mehāniskā, ar fotokopēšanu u.c. - bez iepriekšējas rakstiskas izdevēja atļaujas.

Ja nav minēts citādāk, visas norādes ņemtas no Klasiskā Bībeles tulkojuma.
®, Autortiesības © 1960, 1962, 1963, 1968, 1971, 1972, 1973, 1975, 1977, 1995 Lakmana fonds. Lietots ar atļauju.

Autortiesības © 2013 pieder dr. Džejam Rokam Lī.
ISBN: 979-11-263-1166-8  03230
Tulkots © 2013 dr. Estere Čanga. Lietots ar atļauju.

Pirmais izdevums publicēts 2013 g. augustā.

Līdz šim grāmata bija publicēta korejiešu valodā Seulā (Koreja) izdevniecībā „Urim Buks" 2009 g.

Redaktors – dr. Grims Sons Vins.
Dizainu veidoja „Urim Buks" izdevniecības redakcijas birojs.
Pēc papildus informācijas vērsieties pa elektronisko pastu: urimbook@hotmail.com

# Mīlestība
## ir Bauslības piepildījums

Dr. Džejs Roks Lī

„Nodaļa par mīlestību" – tā ir tikai viena no 1.189 Bībeles nodaļām. Tā ir kā karte, kura norāda, kur var atrast pašu lielāko apslēpto mantu, tādēļ ka dod detalizētas pamācības, kā mums aiziet līdz Jaunajai Jeruzalemei. Bet kartes esamība un zināšanas, kurā virzienā mums doties, neko nedos, ja mēs nekur neiesim. Tas ir, zināšanas par garīgo mīlestību neko nedos, ja mēs nepielietosim tās praktiski.

Garīgā mīlestība Dievam tīkama, un mēs varam būt piepildīti ar to tik daudz, cik daudz mēs pielietojam Dieva Vārdu, kurš ir patiesība. Kā tikai mēs iegūsim garīgo mīlestību, mēs nopelnīsim Dieva mīlestību un svētības un rezultātā ieiesim Jaunajā Jeruzalemē – pašā brīnišķīgākajā Debesu mājvietā. Mīlestībā slēpjas radīšanas galvenā jēga un Dieva darbs pie cilvēka veidošanas. Es lūdzos, lai visi lasītāji vispirms mīlētu Dievu, un tāpat mīlētu savus tuvākos, kā paši sevi, lai saņemtu atslēgas no Jaunās Jeruzalemes.

*Gims San Vins,*
redakcijas biroja direktors.

# Saturs — *Mīlestība ir Bauslības piepildījums*

Priekšvārds · VII

Ievads · XI

**1. daļa. Mīlestības nozīmīgums**
   1. nodaļa. Garīgā mīlestība · 2
   2. nodaļa. Miesīgā mīlestība · 10

**2. daļa. Mīlestība, kas aprakstīta Nodaļā par mīlestību**
   1. nodaļa. Dievam tīkama mīlestība · 24
   2. nodaļa. Mīlestībai raksturīgās īpatnības · 42
   3. nodaļa. Pilnīgā mīlestība · 160

**3. daļa. Mīlestība ir Bauslības pildīšana**
   1. nodaļa. Dieva mīlestība · 172
   2. nodaļa. Kristus mīlestība · 184

*„Ja jūs mīlat tos, kas jūs mīl, kāda pateicība jums nākas? Arī grēcinieki mīl tos, kas viņus mīl,"*

(Lūkas 6:32)

# 1. daļa
# Mīlestības nozīmīgums

1. nodaļa : Garīgā mīlestība

2. nodaļa : Miesīgā mīlestība

# Garīgā mīlestība

*„Mīļie, mīlēsim cits citu, jo mīlestība ir no Dieva, un katrs, kas mīl, ir no Dieva dzimis un atzīst Dievu. Kas nemīl, nav Dievu atzinis, jo Dievs ir mīlestība,"*
(1. Jāņa vēst. 4:7-8)

Kad vien mēs dzirdam vārdu „mīlestība," mūsu sirdis sāk sisties spēcīgāk un dvēsele notrīs. Mēs dzīvotu ļoti laimīgi, ja kādu iemīlot vienreiz, mācētu saglabāt šo mīlestību uz visu dzīvi. Reizēm mēs dzirdam, kā kāds pateicoties mīlestības spēkam spējis pārvarēt grūtības un pat pašu nāvi, un tagad viņa dzīve brīnišķa. Lai dzīve būtu laimīga, vajadzīga mīlestība. Tajā ir varens spēks, kas spējīgs pārmainīt mūsu dzīvi.

Interneta vārdnīca Meriam – Vebster dod sekojošu mīlestības skaidrojumu: „Mīlestība – tā ir stipra viena cilvēka pieķeršanās pie otra, kas rodas no radniecisku saišu spēka vai personīgās piesaistes pie cilvēka; piesaistes, kas pamatojas uz apbrīnu, labvēlīgām attiecībām vai kopīgām interesēm." Taču garīgā mīlestība, par kuru runā Dievs,- tā ir augstāka līmeņa mīlestība. Garīgā mīlestība rūpējas par citu ļaužu interesēm; tā – nekad nemainās. Vēl vairāk, tā atnesīs mums labumu ne tikai šajā laicīgajā dzīvē, bet arī mūžīgajā dzīvē, jo virza mūsu dvēseles uz glābšanu un mūžīgo dzīvi.

## Sievietes stāsts, kura atveda savu vīru uz baznīcu.

Kāda sieviete bija ļoti uzticīga kristiete. Taču viņas vīram nepatika tas, ka viņa iet uz baznīcu, un tas sarežģīja viņas dzīvi. Bet, neskatoties uz visām grūtībām, katru dienu rītausmā viņa nāca uz lūgšanu sapulci un lūdzās par savu vīru. Kādu reizi agri no rīta viņa sāka iet uz lūgšanu sapulci nesot sev līdzi vīra kurpes. Spiežot apavus pie krūtīm, viņa ar asarām lūdzās: „Dievs, šodien uz baznīcu atnākušas tikai šīs kurpes, lai nākošajā reizē atnāk uz baznīcu arī tas, kam tās pieder."

Un pēc kāda laika notika kaut kas apbrīnojams. Vīrs atnāca uz baznīcu. Bet tas notika tā. Kaut kā vīrs pievērsa uzmanību tam, ka katru reizi, kad viņš iziet no mājas, lai ietu uz darbu, viņa kurpes izrādījās siltas. Un vienreiz ieraudzījis, ka viņa sieva kaut kur iet ar viņa kurpēm, viņš tai sekoja. Viņa gāja uz baznīcu.

Viņam tas nepatika, bet viņš nespēja pārvarēt savu ziņkārību. Viņam vajadzēja noskaidrot, ko viņa dara baznīcā ar viņa kurpēm. Viņš klusītēm iegāja baznīcā un ieraudzīja, kā sieva lūdzas, turot viņa kurpes pie savām krūtīm. Viņš sadzirdēja viņas lūgšanu, katrs vārds bija lūgums par viņa labklājību un svētībām priekš viņa. Tas aizkustināja viņa sirdi, un viņš nožēloja, ka tā izturējies pret sievu. Rezultātā, šīs sievietes mīlestība tā saviļņoja un aizkustināja viņas vīru, ka viņš kļuva par kristieti.

Vairums sievu, kuras atrodas līdzīgā situācijā, prasa mani lūgties par viņām, sakot: „Vīrs ņirgājas par mani tikai tādēļ, ka es eju uz baznīcu. Lūdzu, palūdzaties par to, lai vīrs pārtrauktu vajāt mani." Uz to es atbildu: „Cik iespējams ātrāk kļūstiet sirdsšķīsta un ieejat garā. Tas ir ceļš pie jūsu problēmas atrisināšanas." Kurš gan vīrs sāks radīt grūtības sievai, kura, kļuvusi sirdsšķīsta, kalpo viņam no visas sirds?

Sieva, kura agrāk visā vainoja vīru, mainījusies patiesībā, atzīs, ka viņa pati pie visa vainojama un paliks vēl lēnprātīgāka. Tad garīgā gaisma izdzīs visādu tumsu, un vīrs arī mainīsies. Kas sāks lūgties par cilvēku, kurš rada viņam grūtības, kas sāk uzupurēties priekš visu pamestiem kaimiņiem un dāvās viņiem patiesu mīlestību? Dieva bērni, kuri iepazinuši patieso Kunga mīlestību, var dāvāt mīlestību citiem cilvēkiem.

## Nemainīgā Dāvida un Jonatāna mīlestība un draudzība.

Jonatāns bija pirmā Izraēla ķēniņa Saula dēls. Kad viņš redzēja, kā Dāvids ar lingu un akmeni uzvarēja Filistiešu milzi Goliātu, viņš saprata, ka Dāvids bija karavīrs, uz kuru nonācis Dieva Gars. Dāvida drošsirdība aizkustināja Jonatāna sirdi, kurš arī bija karavīrs. No tā laika Jonatāns iemīlēja Dāvidu, kā pats sevi un viņiem izveidojās ļoti ciešas, draudzīgas attiecības. Jonatāns iemīlēja Dāvidu tik ļoti, ka neko priekš viņa nežēloja.

„Un, kad viņš (Dāvids) bija beidzis runāt ar Saulu, tad Jonatāna sirds saistījās ar Dāvida sirdi un tie viens otru iemīlēja, un Jonatānam viņš bija tikpat kā viņa paša dzīvība. Un Sauls tanī pašā dienā ņēma Dāvidu pie sevis un neļāva tam atgriezties viņa tēva namā. Un Jonatāns noslēdza ar Dāvidu derību, tādēļ ka tie viens otru iemīlēja kā savu paša sirdi. Un Jonatāns noņēma savu apmetni, kas viņam bija un viņš to deva Dāvidam, kā arī savas bruņas, savu zobenu, savu loku un savu jostu." (1. Samuēla 18:1-4).

Jonatānam bija tiesības, lai mantotu troni, jo viņš bija Saula vecākais dēls. Viņš varēja uzreiz sākt neieredzēt Dāvidu, kuru ļoti mīlēja tauta. Taču viņš nealka pēc ķēniņa titula. Vēl vairāk, kad Sauls centās nogalināt Dāvidu, lai saglabātu savu troni Jonatāns, riskējot ar paša dzīvību, izglāba Dāvidu. Līdzīga mīlestība paliek nemainīga līdz pat nāvei. Kad Jonatāns gāja bojā kaujā Gilboas kalnos, Dāvids apraudāja viņa nāvi un gavēja līdz vakaram.

„Man tevis žēl, mans brāli Jonatān! Tu biji man ļoti mīļš! Tava mīlestība man bija daudzkārt dārgāka nekā sievu mīlestība!" (Otrā Samuēla 1:26).

Pēc tam, kad Dāvids kļuva par ķēniņu, viņš atrada Milhibošetu, vienīgo Jonatāna dēlu, atgrieza viņam visu, kas piederēja Saulam, un rūpējās par viņu, kā par savu paša dēlu (2. Samuēla 9). Tādā veidā, garīgā mīlestība – tā ir spēja visu savu dzīvi mīlēt citu cilvēku ar nemainīgu sirdi, pie tam nemeklējot tajā nekādu savu izdevīgumu, un bieži pat radot sev zaudējumus. Labi attiekties pret cilvēku, cerot kaut ko saņemt no viņa apmaiņai,- tā nav mīlestība. Garīgā mīlestība spējīga ziedot sevi un visu atdot citam, bez jebkādiem noteikumiem, ar atklātiem un tīriem nolūkiem.

# Dieva un Kunga mīlestības pastāvīgums pret mums.

Daudziem ļaudīm nācies pārdzīvot savā dzīvē sirdssāpes dēļ miesīgas mīlestības. Kad mēs jūtam sāpes un vientulību mīlestības dēļ, kura ātri paiet, jāatceras ka ir Kāds, Kas mūs mierinās un kļūs par mūsu draugu. Tas ir – mūsu Kungs. Lai arī Viņš bija bezgrēcīgs, ļaudis nicināja Viņu un novērsa no Viņa savu vaigu (pravieša Jesajas grām. 53:3), tādēļ Viņš tik labi saprot mūsu sirdi. Viņš atstāja Savu debesu godu un nonāca uz zemes, lai izietu ciešanu pilnu ceļu. To izdarījis, Viņš kļuva par mūsu patieso mierinātāju un draugu. Viņš dāvāja mums patiesu mīlestību, pierādot to ar gatavību nomirt pie krusta.

Līdz tam laikam, kā es sāku ticēt Dievam, es biju smagi slims un piedzīvoju visus fizisko ciešanu smagumus, vientulību un nabadzību. Viss, kas man bija pēc garajiem septiņiem slimošanas gadiem, tas bija – nevarīgs ķermenis, ar katru dienu pieaugoši parādi, ļaužu nievājums, vientulība un bezcerības sajūta. Visi, kurus es mīlēju un kam uzticējos, bija pametuši mani. Taču, kad es domāju, ka es esmu pilnīgi viens visā visumā, mani Kāds apmeklēja. Un Tas bija Dievs. Kā tikai es satiku Dievu, es tūlīt pat izveseļojos no visām slimībām, un man sākās jauna dzīve.

Dieva mīlestība, kas man bija dāvāta, bija bezmaksas dāvana. Nevis es pirmais iemīlēju Dievu. Viņš pirmais atnāca pie manis un pastiepa man roku. Lasot Bībeli, es burtiski dzirdēju, kā Dievs atzīstas man mīlestībā.

„Vai var māte aizmirst savu zīdaini un neapžēloties par savu miesīgo bērnu? Un, ja pat māte to aizmirstu, Es tevi neaizmirsīšu. Redzi, abu Savu roku plaukstās Es tevi esmu iezīmējis; tavi mūri ir vienmēr Manā priekšā," (Praviešā Jesajas grām. 49:15-16).

„Redzama kļuvusi ir Dieva mīlestība mūsu starpā, Dievam Savu viendzimušo Dēlu sūtot pasaulē, lai mēs dzīvotu caur Viņu. Šī ir tā mīlestība, nevis, ka mēs esam mīlējuši Dievu, bet, ka Viņš mūs mīlējis un sūtījis Savu Dēlu, mūsu grēku izpirkšanai," (1. Jāņa vēst. 4:9-10).

Dievs nepameta mani pat tad, kad es cietu un visi pameta mani. Kad es sajutu Viņa mīlestību, man no acīm sāka līt asaras, un es nevarēju tās apturēt. Pateicoties sāpēm, kuras es izcietu, es sapratu, ka Dieva mīlestība – patiesa. Tagad es esmu kļuvis mācītājs, Dieva kalpotājs, lai mierinātu daudzas dvēseles un pagodinātu Dievu par man dāvāto žēlastību.

Dievs – tā ir pati Mīlestība. Viņš dēļ mums grēciniekiem, sūtīja uz šo zemi Savu Viendzimušo Dēlu Jēzu. Viņš gaida, lai mēs atnāktu uz Viņa Debesu Valstību, kur Viņš sagatavojis priekš mums daudz brīnišķu lietu. Mēs varēsim sajust maigo un pāri plūstošo Dieva mīlestību, ja kaut nedaudz atvērsim mūsu sirdis.

„Kopš pasaules radīšanas Viņa neredzamās īpašības, gan Viņa mūžīgais spēks, gan Viņa dievišķība, ir skaidri saredzamas Viņa darbos, tāpēc viņiem nav ar ko aizbildināties," (Vēst. Romiešiem 1:20).

Kāpēc gan mums vienkārši nepadomāt par apkārtējās pasaules skaistumu? Gaiši zilās debesis, tīrais jūras ūdens, koku un augu daudzveidība – un visu to Dievs radījis priekš mums, kas dzīvojam uz zemes, lai mūsos dzīvotu cerība uz Debesīm līdz tam laikam, kamēr mēs nokļūsim tur.

Viļņi, kas apskalo jūru krastus, zvaigznes, kuras mirgo, it kā dejojot, dārdošās skaņas, kas nāk no ūdenskritumiem, viegls vējiņš, kas mums pieskaras, ļauj mums sajust Dieva elpu, kas mums saka: „Es mīlu tevi." Un tā kā Dievs izvēlējies mūs un uzskata par Saviem mīļotajiem bērniem, tad ar kādu gan mīlestību vajadzētu būt piepildītiem mums? Mums jābūt piepildītiem ar mūžīgo un patieso mīlestību, bet ne ar to bezjēdzīgo mīlestību kura mainās, ja to kaut kas neapmierina.

# Miesīgā mīlestība

*"Ja jūs mīlat tos, kas jūs mīl, kāda pateicība jums nākas? Arī grēcinieki mīl tos, kas viņus mīl,"*
(Lūkas 6:32)

Stāv cilvēks tautas pūļa priekšā pie Galilejas jūras. Viņam aizmugurē gluži kā dejojot, plūst jūras viļņi, viegla vēja atdzīti. Visi ļaudis pieklususi, ieklausoties Viņa vārdos. Vēršoties pie ļaudīm, kuri sēdēja uz neliela paaugstinājuma, Viņš maigi un vienlaicīgi stingri aicināja viņus kļūt par zemes gaismu un sāli priekš pasaules un mīlēt pat savus ienaidniekus.

„Jo, ja jūs tos mīlat, kas jūs mīl, kāda alga jums nākas? Vai muitnieki nedara tāpat? Un, kad jūs sveicināt tikai savus brāļus, ko sevišķu jūs darāt? Vai pagāni nedara tāpat?" (Mateja 5:46-47).

Jēzus runāja, ka neticīgie un pat tie, kuros ir ļaunums, var parādīt mīlestību pret tiem, kas labi pret viņiem izturas, vai pret tiem, kuri viņiem vajadzīgi. Eksistē tāpat arī iedomāta mīlestība, kura rada īstu jūtu iespaidu, tomēr tā nav patiesa mīlestība. Tā ir miesīga mīlestība, kura pēc kāda laika var mainīties vai vispār beigties jebkura nieka dēļ.

Miesīga mīlestība var pāriet jebkurā momentā. Ja mainās apstākļi vai nosacījumi, tad mainās arī miesīgā mīlestība. Ļaudis nereti pārskata savu attieksmi pret apkārtējiem atkarībā no tā izdevīguma, kuru viņi var no tiem saņemt. Pie tam viņi vispirms grib kaut ko saņemt priekš sevis, bet tikai pēc tam atbildēt no savas puses. Daži vispār labi attiecas tikai pret tiem, no kuriem viņiem ir kāds reāls labums. Ja jūs kādam kaut ko dodat un gribat saņemt tikpat atpakaļ vai arī sajūtat vilšanos, kad neko nesaņemat pretī, tad tas runā par to, ka jūs esat piepildīti ar miesīgu mīlestību.

## Mīlestība starp vecākiem un bērniem.

Ļoti aizkustinoši ir redzēt, kā mīlošie vecāki rūpējas par saviem bērniem. Vecāki atdod bērniem visus savus spēkus, bet pie tam nerunā, ka viņiem grūti rūpēties par tiem, tādēļ ka viņi mīl savus bērnus. Parasti vecāki dod saviem bērniem visu pašu labāko, lai arī viņiem pašiem var nebūt normāla ēdiena vai labu drēbju. Un tomēr, katrā sirdī, pat pašam mīlošākajam vecākam, slēpjas vēlme saņemt no visa tā kādu noteiktu izdevīgumu.

Ja vecāki pa īstam mīl savus bērnus, tad viņiem jābūt gataviem pat savu dzīvību atdot, neko negaidot pretim. Bet pa to laiku, daudzi vecāki audzina savus bērnus tā, lai gūtu patiku sev vai saņemtu no tā kaut kādu labumu. Viņi, kā likums, tos pamāca: „Es tev to saku priekš tava paša labuma." Bet īstenībā viņi cenšas kontrolēt savus bērnus, lai kompensētu savu godkāri, un tāpat saņemtu finansiālas dividendes. Ja bērni izvēlas paši savu ceļu karjeras izaugsmei vai stājas laulībā bez vecāku labvēlības, tad tam sekos vecāku neapmierinātība un vilšanās. Un tas vienīgi lieku reizi apstiprina, ka vecāki bija uzticīgi saviem bērniem un upurējās dēļ viņiem uz noteiktiem nosacījumiem. Viņi centās saņemt kaut ko pretī par to mīlestību, ko bija atdevuši bērniem.

Parasti bērnu mīlestība nemēdz būt tik stipra, kā vecāku.

Korejā runā: „Ja vecāki pārāk ilgi slimos, tad bērni tos pametīs." Bērni jūtas pārāk apgrūtināti, kad viņiem nākas aprūpēt slimos un vecos vecākus, īpaši, kad nav cerību uz viņu atlabšanu. Kad bērni mazi, tie reizēm saka: „Es neprecēšos, es dzīvošu pie jums, mammas un tēta." Tad viņi domāja, ka patiešām dzīvos ar vecākiem līdz savas dzīves beigām. Bet viņi izauga un vecāki sāka interesēt viņus daudz mazāk, tādēļ ka tagad viņi aizņemti – viņi pelna sev dzīvošanai. Mūsu laikos, par nožēlu, ļaužu sirdis tik bezjūtīgas pret grēku, un ļaunums tik ļoti dominē pār tiem, ka pat atgadās, ka vecāki nogalina savus bērnus, un bērni nogalina savus vecākus.

### Mīlestība starp vīru un sievu.

Un kā ar laulāto mīlestību? Līdz laulībām, kad vīrietis un sieviete vēl tikai satikās, viņi teica cits citam mīļus vārdus: „Es nevaru dzīvot bez tevis. Es mīlēšu tevi mūžīgi." Bet, kas pēc tam, pēc tā kā viņi apprecējās? Viņi ar sašutumu saka cits citam: „Tevis dēļ es nevaru dzīvot, tā kā man gribas. Tas nav godīgi no tavas puses."

Vispirms viņi atzīstas cits citam mīlestībā, taču pēc laulības noslēgšanas, viņi arvien biežāk un biežāk runā par to, ka tiem laiks doties katram uz savu pusi vai izšķirties, tādēļ ka viņiem dažāds izglītības līmenis, atšķirīgas ģimeniskās vērtības un, ka viņi vispār ir ar nesaderīgiem raksturiem. Ja ēdiens nav pēc vīra garšas, viņš nekavējoši izteiks sievai savu neapmierinātību: „Kas tas par ēdienu? Te taču nav ko ēst!" Bet, ja vīrs nepietiekoši nopelna, tad sieva viņu zāģēs un pārmetīs: „Manas draudzenes vīru jau paaugstināja amatā, un viņš kļuvis par direktoru; un citai manai draudzenei vīrs arī ieņēmis augstu amatu... Kad gan tu pakāpsies pa karjeras kāpnēm? Bet viena no manām draudzenēm nopirka lielāku māju un jaunu mašīnu. Ar ko mēs sliktāki par viņiem? Kad mums vismaz kaut kas mainīsies uz labu?"

Pēc statistikas datiem par vardarbību Korejas ģimenēs, puse no visiem ģimenes pāriem valstī cieš no vardarbības problēmām mājās. Vīri un sievas, zaudējuši savu pirmo mīlestību, sāk neieredzēt cits citu un strīdēties. Mūsu laikos ir laulības, kuras izjūk jau medus mēneša laikā! Vidējais laika ilgums no laulībā stāšanās momenta un līdz šķiršanās kļūst arvien īsāks un īsāks. Sākumā laulātajiem likās, ka viņi ļoti mīl cits citu, taču padzīvojot kopā, viņi sāka redzēt cits cita trūkumus. Un, tā kā atklājās, ka viņi nedomā vienādi un viņiem dažādas gaumes, starp tiem jebkura iemesla dēļ sākas sadursmes. Viņu uzvedība nenovēršami noved pie tā, ka jūtas, kuras viņi uzskatīja par mīlestību, atdziest.

Pat ja attiecībās starp vīru un sievu nav acīmredzamu problēmu, tad ar laiku viņi pierod cits pie cita, un pirmās mīlestības jūtas notrulinās. Un tā rezultātā viņi sāk reizēm palūkoties uz citu vīriešu vai sieviešu pusi. Vīri ir vīlušies tajā, ka no rītiem viņu sievas izskatās izspūrušas, bet ar gadiem viņas vispār pieņemas svarā un vairs neliekas pievilcīgas. Mīlestībai gan vajadzētu ar laiku kļūt vēl dziļākai, bet tas visbiežāk arī nenotiek. Rezultātā pārmaiņas viņos tikai apstiprina to faktu, ka viņi mīlēja viens otru ar miesīgu mīlestību, kura meklē paša izdevīgumu.

## Mīlestība starp brāļiem.

Brāļiem un māsām, kas piedzimuši no vieniem vecākiem un uzauguši kopā, liekas, vajadzētu būt tuviem cits citam, kā neviens cits. It kā viņi visā var paļauties cits uz citu, jo viņiem viss bija kopīgs, viņus mācīja mīlēt citam citu. Tomēr starp kādiem brāļiem un māsām rodas skaudības un sacensības jūtas.

Vecākais bērns sāk just, ka daļa vecāku mīlestības, kas pienācās viņiem, tagad tiek jaunākajiem brāļiem vai māsām. Mazākie bērni jūtas sevī nedroši, tādēļ ka viņi vājāki par vecākajiem brāļiem vai māsām. Bet tie, kuriem ir gan vecāki, gan jaunāki brāļi un māsas, atrodas kā starp divām ugunīm: reizēm viņiem tiek pāri darījumi no vecākajiem, reizēm viņi saņem rājienu par mazākajiem. Viņi uzskata sevi par upuriem, domājot, ka vecāki nepievērš viņiem nekādu uzmanību. Ja viņi netiks galā ar tamlīdzīgām emocijām, tad, visdrīzāk, starp brāļiem un māsām sabojāsies attiecības.

Pirmo slepkavību cilvēces hronikā bija izdarījis Kains. To izraisīja Kaina skaudība pret jaunāko brāli Ābelu, kuram Dievs parādīja labvēlību. Un tālāk, visu pasaules tautu vēstures gaitā, cīņa starp brāļiem un māsām nebeidzas. Jāzepu neieredzēja paša brāļi un pārdeva viņu verdzībā uz Ēģipti. Dāvida dēls Absalamons, piespieda vienu no saviem kalpiem nogalināt brāli Amonu. Mūsu laikos daudzi brāļi un māsas karo cits ar citu dēļ vecāku mantojuma. Viņi izturas kā ienaidnieki.

Un, ja arī darbi nenonāks līdz nopietnam ienaidam, par kādu runāts iepriekš, tad stājoties laulībā un veidojot savu paša ģimeni, brāļi un māsas, attālinās cits no cita. Es biju pats jaunākais no sešiem brāļiem un māsām. Mani vecākie brāļi un māsas mani ļoti mīlēja, bet, kad smaga slimība piekala mani pie gultas uz ilgiem septiņiem gadiem, situācija mainījās. Es pārvērtos priekš viņiem par slogu. Līdz kādam noteiktam laikam viņi centās izārstēt mani, bet, kad jau vairs nebija nekādas cerības, viņi sāka novērsties no manis.

## Mīlestība starp kaimiņiem.

Korejiešu tautai ir teiciens – "kaimiņš tas pats, kas brālēns." Tas runā par to, ka kaimiņi priekš mums – tas pats, kas ģimenes locekļi. Pagātnē, kad vairums ļaužu bija zemkopji, viņi augstu vērtēja savas attiecības ar kaimiņiem, jo viņi vienmēr varēja atnākt cits citam palīgā. Taču šis izteiciens arvien vairāk un vairāk zaudē aktualitāti. Patreizējā laikā ļaudis tur durvis aizslēgtas, pat priekš saviem kaimiņiem. Mūsu namus tagad aizsargā apsardzes signalizācijas. Un cilvēki bieži pat nezina par to, kas dzīvo kaimiņu dzīvoklī.

Ļaudis neinteresē, kas dzīvo viņiem kaimiņos, tādēļ ka tos vispār neinteresē citi cilvēki. Priekš viņiem svarīgas tikai to personīgās intereses un tuvākie viņu ģimenes locekļi. Viņi neuzticas apkārtējiem. Vēl vairāk, ja viņi redz, ka kaimiņi sagādā viņiem kādas neērtības vai rada viņiem kaut mazāko zaudējumu, tad viņi bez kāda mulsuma novēršas no viņiem vai sāk karot ar tiem. Šodien nereti ir gadījumi, kad kaimiņi tiesājas cits ar citu dēļ niekiem. Bija gadījums, kad kaimiņš sagrieza kaimiņu, kas dzīvoja virs viņa, tādēļ ka tas pārāk trokšņoja.

## Mīlestība starp draugiem.

Un kā ar mīlestību, kas eksistē starp draugiem? Jums ir draugs, par kuru jūs domājat, ka viņš tiešām vienmēr būs jūsu pusē. Bet pat tas, ko jūs uzskatāt par savu tuvu sabiedroto, var nodot un pamest jūs ar salauztu sirdi.

Mēdz būt gadījumi, kad cilvēks lūdz savus draugus aizdot viņiem lielu naudas summu vai kļūt par viņu galvotāju, tādēļ ka viņš nonācis uz bankrota robežas. Ja viņa draugi viņam atteiks, tad viņš runās, ka viņi to nodevuši un vairs negribēs ar viņiem draudzēties. Taču kurš šajā gadījumā rīkojas nepareizi?

Ja jūs patiešām mīlat savu draugu, tad jūs nevarēsiet darīt

viņam sāpes. Ja jūs atrodaties uz bankrota robežas, bet jūsu draugs paliks par jūsu galvotāju, tad viņš un viņa ģimene var ciest jūsu dēļ. Ja jūs pakļaujat riskam savus draugus, vai tad mīlat viņus? Nē, tā nav mīlestība. Taču šodien tādi fakti sastopami diezgan bieži. Un, starp citu, Dieva vārds aizliedz mums aizņemties un aizdot kādam naudu. Kad mēs parādām nepaklausību Dieva Vārdam, tad vairumā gadījumu sātans sāk būvēt intrigas, no kā cieš visi, kuri bija iesaistīti šajā lietā.

„Mans dēls, ja tu par savu tuvāko galvo un, ja tu savu roku galvojumam par svešinieku esi devis, tad tu esi ar savu muti sacīto saistīts, un tava paša mutes vārdi tevi tur savā gūstā," (Pamācības 6:1-2).

„Neesi starp tiem, kas ar rokas spiedienu apsolās un par parādu galvo," (Pamācības 22:26).

Kādi cilvēki domā, ka jādraudzējas tikai ar tiem, no kuriem var saņemt kaut ko vajadzīgu. Īstenībā šodien patiešām grūti atrast cilvēku, kurš gatavs ziedot savu laiku, spēkus un naudu aiz mīlestības pret saviem tuvākajiem vai draugiem.

No bērnības man bija daudz draugu. Līdz tam, kā es sāku ticēt Dievam, priekš manis uzticība starp draugiem bija dzīves norma. Es domāju, ka mūsu draudzība ilgs mūžīgi. Bet, noslimojis ilgu laiku, es ar rūgtumu sapratu, ka mīlestība starp draugiem arī mainās sava labuma interesēs.

Iesākumā mani draugi centās atrast labus ārstus, tautas dziedniekus, vadāja mani pie tiem, bet tā kā man nemaz nebija nekādu uzlabojumu, viņi viens pēc otra pameta mani. Vēlāk ar mani palika tikai paziņas, ar kuriem es dzēru un spēlēju azartspēles. Bet, pat šie draugi nāca pie manis ne tādēļ, ka viņi mīlēja mani, bet tādēļ ka tiem vajadzēja kaut kur pavadīt laiku. Lai kā arī draugi nedotu zvērestus mīlēt viens otru, miesīga mīlestība ātri paiet.

Cik gan būtu brīnišķīgi, ja vecāki un bērni, brāļi un māsas, draugi un kaimiņi nemeklētu savu izdevīgumu un nekad nemainītu savu attieksmi cits pret citu! Tas nozīmētu to, ka viņu mīlestība citam pret citu ir garīga. Taču vairumā gadījumu viņos nav šīs garīgās mīlestības, un tā neatnes viņiem patiesu apmierinājumu. Viņi meklē mīlestību savos ģimenes locekļos un apkārtējos ļaudīs. Taču, jo vairāk viņi pēc tās tiecas, jo stiprākas ir viņu slāpes pēc mīlestības, viņi it kā dzer jūras ūdeni, lai remdētu savas slāpes.

Blēzs Paskāls teicis, ka katra cilvēka sirdī ir vakuums, kuru aizpildīt nevar neviens, izņemot Dievu Radītāju, Kurš atklājas caur Jēzu. Mēs nevaram sajust patiesu apmierinājumu un mocīsimies, nekur neredzot jēgu, ja šī telpa nebūs piepildīta ar Dieva mīlestību. Sanāk, ka šajā pasaulē neeksistē garīgā mīlestība, kura būtu nemainīga vienmēr? Nē, tas tā nav. Lai arī reti, bet garīgā mīlestība protams ka eksistē. Un 13. nodaļā, 1. vēstulē Korintiešiem, skaidri runāts par patiesu mīlestību.

Ir cilvēki, kuri kļūdaini domā, ka mīl Dievu. Priekš tā, lai pārbaudītu, cik mēs patiesi esam piepildīti ar garīgo mīlestību un Dieva mīlestību, mums jānovērtē, savas emocijas un darbus, ko mēs darām, ejot cauri mūs attīrošiem testiem, pārbaudījumiem un grūtībām. Mēs varam pārbaudīt, kādā mērā mēs esam izkopuši sevī patiesu mīlestību, jautājot sev: vai patiešām es priecājos un no visas sirds pateicos Dievam, vai vienmēr es esmu paklausīgs Dieva gribai?

**Kā nosaka garīgo mīlestību?**

Ja mēs žēlojamies un esam sašutuši, meklējam pasaulīgus ceļus problēmu risināšanai, paļaujamies uz cilvēkiem, tad tas nozīmē, ka mums nav garīgās mīlestības. Tas lieku reizi pierāda, ka mēs esam iepazinuši Dievu tikai ar prātu, un ka tas, ko mēs zinām, nav nosēdies mūsu sirdī, tas ir, mēs esam kultivējuši savā sirdī zināšanas par Dievu. Viltotās banknotes reizēm arī izskatās kā īsta nauda, bet īstenībā, tie ir vienkārši papīra gabaliņi. Mīlestību arī nevar nosaukt par īstu, ja mums ir tikai zināšanas par to. Un tad, tai pašai par sevi nav nekādas vērtības. Ja mūsu mīlestība uz Kungu nemainīga un, ja mēs patiešām paļaujamies uz Dievu jebkurā situācijā un pie jebkurām grūtībām, tad mēs varam apgalvot, ka esam ieguvuši patieso, garīgo mīlestību.

"Tā nu paliek ticība, cerība, mīlestība. Šās trīs, bet lielākā no tām ir mīlestība," (1. vēst. Korintiešiem 13:13).

„Mīlestība ir lēnprātīga, mīlestība ir laipna, tā neskauž, mīlestība nelielās, tā nav uzpūtīga. Tā neizturas piedauzīgi, tā nemeklē savu labumu, tā neskaistas, tā nepiemin ļaunu. Tā nepriecājas par netaisnību, bet priecājas par patiesību. Tā apklāj visu, tā cer visu, tā panes visu," (1. vēst. Korintiešiem 13:4-7).

Lūk, tādu mīlestību Dievs sauc par garīgu un īstu mīlestību. Mēs varam iegūt garīgo mīlestību, iepazīstot Dieva mīlestību un sākot mainīties patiesībā. Piepildīsimies ar garīgu mīlestību, kura ļaus mums no visas sirds mīlēt citam citu un nemainīt šīs attiecības, pat ja mums no tām nav nekāda labuma, un mēs ar to radām sev zaudējumus.

*"Ja es runātu ar cilvēku un eņģeļu mēlēm un man nebūtu mīlestības, tad es būtu skanošs varš vai šķindošs zvārgulis. Un, ja es pravietotu un, ja es zinātu visus noslēpumus un atziņas dziļumus, un, ja man būtu pilnīga ticība, ka varētu kalnus pārcelt, bet nebūtu mīlestības, tad es nebūtu nekas. Un, ja es visu savu mantu izdalītu nabagiem un nodotu savu miesu, lai mani sadedzina, bet man nebūtu mīlestības, tad tas man nelīdz nenieka,"*

(1. vēst. Korintiešiem 13:1-3)

# 2. nodaļa
# Mīlestība, kas aprakstīta Nodaļā par mīlestību

1. nodaļa : Mīlestība, kas tīkama Dievam

2. nodaļa : Mīlestībai raksturīgās īpašības

3. nodaļa : Pilnīgā mīlestība

# Mīlestība, kas tīkama Dievam

*"Ja es runātu ar cilvēku un eņģeļu mēlēm un man nebūtu mīlestības, tad es būtu skanošs varš vai šķindošs zvārgulis. Un, ja es pravietotu un, ja es zinātu visus noslēpumus un atziņas dziļumus, un, ja man būtu pilnīga ticība, ka varētu kalnus pārcelt, bet nebūtu mīlestības, tad es nebūtu nekas. Un, ja es visu savu mantu izdalītu nabagiem un nodotu savu miesu, lai mani sadedzina, bet man nebūtu mīlestības, tad tas man nelīdz nenieka,"*
(1. vēst. Korintiešiem 13:1-3)

Vienā no Dienvidāfrikas bērnu namiem notika incidents. Bērni sāka slimot viens pēc otra, un slimo skaits pieauga ar katru dienu. Un neviens nevarēja atklāt viņu saslimšanas konkrēto iemeslu. Bērnu nams uzaicināja ievērojamus ārstus, lai viņi noteiktu diagnozi. Un, pēc rūpīgas izmeklēšanas, ārsti rekomendēja: „Kad bērni pamostas, desmit minūšu laikā apkampiet viņus un parādiet viņiem, ka jūs viņus mīlat."

Visiem par izbrīnu bez iemesla radusies slimība pārgāja, un bērni sāka atveseļoties. Bet viss tādēļ, ka bērniem ir lielāka vajadzība pēc siltuma un mīlestības, nekā pēc kaut kā cita. Pat tad, kad mums nav finansiālu problēmu un mēs dzīvojam pārpilnībā, bez mīlestības mums nebūs cerības uz nākotni, nebūs vēlme dzīvot. Var teikt, ka mīlestība – pats svarīgākais mūsu dzīves faktors.

## Garīgās mīlestības svarīgums.

Korintiešu pirmās vēstules trīspadsmitajā nodaļā, kuru sauc par „mīlestības nodaļu," pirms tam kā detalizēti izskaidrot, kāda tā ir – garīgā mīlestība, tiek likts akcents uz mīlestības svarīgumu. Tādēļ ka, ja mēs runājam ar cilvēku vai eņģeļu mēlēm, bet mums nav mīlestības, tad mēs esam skanošs varš vai šķindošs zvārgulis.

Ar vārdiem „runāt cilvēku mēlēm" domāta nevis spēja runāt valodās, kas ir viena no Svēta Gara dāvanām. Bet šeit ir domātas valodas, kurās runā dažādas tautas, kas dzīvo uz zemes. Piemēram, angļu, japāņu, franču, krievu u.t.t. Civilizācija un zināšanas tiek sistematizētas un nodotas nākamajām paaudzēm ar valodas starpniecību, lūk tādēļ valodas spēks patiešām ļoti liels. Valodu zināšanas palīdz mums izteikt savas jūtas, domas, pārliecināt un iemantot cilvēku simpātijas. Cilvēku valodās ir spēks mainīt ļaudis un spēks daudz ko sasniegt.

Ar vārdiem „eņģeļu mēlēm" domāti skaisti vārdi. Eņģeļi un garīgas būtnes ir kā brīnišķīgā personifikācija. Kad kāds patīkamā balsī izrunā skaistus vārdus, ļaudis salīdzina viņus ar eņģeļiem. Dievs šeit salīdzina cilvēku vārdus, lai kādi eņģeliski tie nešķistu, ar skanošu varu un šķindošu zvārguli, ja tajos nav mīlestības (1. Vēst. Korintiešiem 13:1).

Ja uzsistu pa smagu, cietu metāla gabalu, tad tas neskanēs skaļi. Bet, ja varš izdod skaļu skaņu, tad tas nozīmē, ka iekšpusē tas ir tukšs vai vara slānis ļoti plāns. Bet zvārguļi izdala skaļu skaņu, tādēļ ka tie izgatavoti no plānām vara plāksnītēm. Tas pats attiecas arī uz cilvēkiem. Mēs kļūsim patiesi Dieva dēli un meitas tikai tad, kad mūsu sirds būs piepildīta ar mīlestību. Tad mūsu vērtību var salīdzināt ar kviešu vērtību, kuram vārpa pilna graudiem. Un pretēji, tie, kuros nav mīlestības līdzīgi tukšām nezālēm. Kādēļ tas tā ir?

„Mīļie, mīlēsim cits citu, jo mīlestība ir no Dieva, un katrs, kas mīl, ir no Dieva dzimis un atzīst Dievu. Kas nemīl, nav Dievu atzinis, jo Dievs ir mīlestība," (1. Jāņa vēst. 4:7-8).

Lai, cik daiļrunīgi un skaisti nebūtu cilvēku vārdi, bet, ja tie nenes mīlestību, tajos nav nekādas vērtības. Tad no tiem viens vienīgi diskomforts, tāpat kā no skanoša vara vai šķindoša zvārguļa, jo tie no iekšpuses tukši. No citas puses, vārdos, kuros ir mīlestība, ietverts apbrīnojams spēks, kas nes apkārtējiem dzīvību. Un mēs varam atrast tam apstiprinājumu Jēzus dzīvē.

## Stipra mīlestība dāvā dzīvību.

Kādu reizi Jēzus mācīja templī, bet rakstu mācītāji un farizeji atveda pie Viņa sievieti. Viņa bija piekerta laulības pārkāpšanā. Rakstu mācītāju un farizeju acīs, kuri pie viņa atveda sievieti, nebija pat niecīgu līdzjūtības pazīmju.

Viņi sacīja Jēzum: „Mācītāj, šī sieva pienākta laulības pārkāpšanā. Un Mozus savā bauslībā mums ir pavēlējis tādas nomētāt akmeņiem. Ko Tu saki?" (Jāņa ev. 8:4-5).

Izraēlā Bauslība – tas ir Dieva Vārds un Likums. Tajā ir punkts, kurš pavēl laulības pārkāpējus līdz nāvei nomētāt ar akmeņiem. Ja Jēzus būtu pateicis viņiem, ka tiem saskaņā ar Bauslību jānomētā sieviete ar akmeņiem, tad tas nozīmētu, ka Viņš Pats ar Sevi ir pretrunā: jo Viņš mācīja ļaudis mīlēt pat savus ienaidniekus. Bet, ja Viņš teiktu, lai piedod viņai, tas būtu skaidrs Bauslības pārkāpums. Tas būtu pretrunā ar Dieva Vārdu.

Rakstu mācītāji un farizeji lepojās ar sevi, domājot, ka tagad viņiem būs iespēja piekert Jēzu. Labi pazīstot viņu sirdis Jēzus vienkārši noliecās, sāka kaut ko ar pirkstu rakstīt smiltīs. Pēc tam Viņš piecēlās un teica: „Kas no jums ir bez grēka, lai pirmais met akmeni uz viņu," (Jāņa 8:7).

Kad Jēzus, pieliecies, sāka no jauna kaut ko rakstīt ar pirkstu, cilvēki pa vienam sāka izklīst, un beigās palika tikai Jēzus un sieviete. Tā Jēzus izglāba šīs sievietes dzīvību, nepārkāpjot Bauslību.

Pirmoreiz uzlūkojot, tas, ko teica rakstu mācītāji un farizeji, nebija kļūda, jo viņi runāja tikai to, kas bija rakstīts Dieva Likumā. Taču vārdiem, kas bija viņu teikti un Jēzus vārdiem, bija pilnīgi cita motivācija. Rakstu mācītāji un farizeji darīja citiem sāpes, tajā pat laikā Jēzus centās glābt dvēseles.

Ja mums ir tāda pat sirds kā Jēzum, tad mēs lūgsimies un domāsim par to, kādi vārdi spēs dot spēkus cilvēkiem un pievest viņus pie patiesības izpratnes. Mēs centīsimies, lai katrā mūsu teiktajā vārdā būtu dzīvība. Daži cilvēki cenšas pārliecināt citus izmantojot Dieva Vardu, vai cenšoties mainīt apkārtējo uzvedību, norādot viņiem uz to kļūdām un nepilnībām, un to, kas viņiem šķiet nepareizs. Tamlīdzīgi vārdi, pat, ja tie arī pareizi, nevar pārveidot cilvēkus un nebūs tiem kā dzīvības avots, ja nebūs teikti ar mīlestību.

Tādēļ mums pastāvīgi jāpārbauda, ar ko motivēti mūsu vārdi: vai ar mūsu paštaisnību un domāšanas stereotipiem vai ar mīlestību un vēlēšanos piepildīt citus cilvēkus ar dzīvību. Atšķirībā no lišķīgiem vārdiem, vārdi, kuros ir mīlestība, var palikt par dzīvības ūdeni un remdēt dvēseļu slāpes, kļūt par dārgu rotājumu, kas atnes dvēselēm, kas atrodas ciešanās, iepriecu un mierinājumu.

## Garīgā mīlestība un pravietošanas dāvana.

Ar vārdiem „pravietošana", parasti saprot nākotnes paredzēšanu. Bībeles izpratnē tas nozīmē iegūt Dieva sirdi un saņemot Svētā Gara vadību, runāt par priekšā stāvošiem notikumiem ar noteiktu mērķi. Cilvēks nevar veikt pravietiskus nākotnes paredzējumus pēc paša gribas. Otrajā Pētera vēstulē 1:21, teikts: „Jo pravietošana nekad nav cēlusies no cilvēku gribas, bet Dieva cilvēki ir runājuši Gara spēkā." Pravietošanas dāvana netiek dāvāta jebkuram. Dievs šo dāvanu nedos tam, kas nav kļuvis sirdsšķīsts, tādēļ ka no tā viņš var sākt palikt lepns.

„Pravietošanas dāvana" par kuru runāts nodaļā par garīgo mīlestību, nav tā dāvana, kura tiek dota īpašiem cilvēkiem. Katrs, kas tic Jēzum Kristum un dzīvo patiesībā, var paredzēt nākotni. Piemēram, zināt par to, ka, kad Kungs atgriezīsies padebešos, Viņš paraus gaisā izglābtos cilvēkus, un viņi ņems dalību Septiņu gadu kāzu svinībās; tajā pat laikā neizglābtie cietīs Septiņos lielo bēdu gados uz zemes, bet pēc tiesas Lielā Baltā Troņa priekšā tie būs iegrūsti ellē. Kaut arī visi Dieva bērni var tādā veidā paredzēt nākotnī, ne visos viņos ir garīgā mīlestība. Ja viņos nav garīgās mīlestības, tad viņu pozīcija mainīsies atkarībā no personīgām interesēm. Bet no tādas pravietošanas dāvanas nav nekāda labuma. Pašas no sevis spējas nevar pavairot vai pastiprināt mīlestību.

„Noslēpums" par kuru runāts Pirmajā Korintiešu vēstulē, 13:2 attiecas uz to noslēpumu, kas bija apslēpts no laiku iesākuma, tas ir, runa ir par Vārdu par krustu ( 1. vēst. Korintiešiem 1:18). Vārds par krustu – tas ir cilvēces glābšanas providence, kuru suverēnais Dievs ieplānoja vēl pirms laiku sākuma. Dievs zināja, ka cilvēki sagrēkos un aizies pa ceļu, kas ved uz nāvi. Tādēļ vēl līdz laiku sākumam Viņš sagatavoja Jēzu Kristu, Kuram vajadzēja kļūt par Glābēju. Kamēr šī providence nebija piepildījusies, Dievs to glabāja apslēptu. Kāpēc Viņš to darīja? Ja šis glābšanas ceļš kļūtu zināms, tad ienaidnieks, velns un sātans, traucētu viņam to izpildīt (1. vēst. Korintiešiem 2:6-8). Ienaidnieks, velns un sātans domāja, ka, ja viņš nogalinās Jēzu, tad vara, kas saņemta no Ādama, viņam piederēs mūžīgi. Bet, tā kā viņš izprovocēja ļaunus cilvēkus nogalināt Jēzu, tad glābšanas ceļš atvērās! Taču, neskatoties uz to, ka mēs zinām šo lielo noslēpumu, no šīm zināšanām nav nekāda labuma, ja mūsos nav garīgās mīlestības.

Tas pats ir arī ar citām mūsu zināšanām. Šeit, ar vārdiem „pārliecinoša gudrība," ir domātas nevis akadēmiskās zināšanas. Runa iet par Dieva gudrību un patiesību, kuru mēs varam pasmelt no 66 Bībeles grāmatām. Uzzinot par Dievu no Bībeles, mums vēl arī jāsatiekas ar Viņu, jāpiedzīvo Viņa klātbūtne savā dzīvē un jānotic Viņam no visas savas sirds. Savādāk Dieva Vārda zināšanas paliks vienīgi kā kāds informācijas slānis, kas glabājas mūsu prātā. Tātad, ja nav garīgas mīlestības, tad no zināšanām nav nekāda labuma.

Un kā, ja mūsu ticība tik liela, ka mēs varam kalnus pārvietot? Ja ticība ir liela, tas vēl nenozīmē, ka arī mīlestība tikpat liela. Tad kāpēc gan ticības lielums un mīlestības lielums ne vienmēr sakrīt? Ticībā var pieaugt redzot zīmes, brīnumus un Dieva darbus. Pēteris redzēja daudz zīmes un brīnumus, ko darīja Jēzus, tādēļ, kad Jēzus gāja pa ūdeni, Pēteris arī varēja staigāt pa ūdeni, lai arī neilgi. Bet tajā laikā Pēterī nebija garīgās mīlestības, tādēļ ka viņš vēl nebija saņēmis Svēto Garu. Pie tam viņš vēl nebija apgraizījis savu sirdi, atmetot no sevis visus grēkus. Tādēļ, kad viņa dzīvība bija briesmās, viņš trīs reizes atteicās no Jēzus.

Mēs saprotam, ka mūsu ticība var pieaugt, pateicoties pieredzei. Bet garīgā mīlestība ienāk sirdī tikai tad, kad mēs pieliekot pūles, ar pašatdevi un pašuzupurēšanos atbrīvojamies no grēkiem. Tomēr tas nepavisam nenozīmē, ka starp garīgo ticību un mīlestību nav nekādas saistības. Mēs cenšamies atbrīvoties no grēkiem, mīlēt Dievu un dvēseles tieši tādēļ, ka mūsos ir ticība. Bet, ja mēs neko nedarām, lai kļūtu līdzīgi Kungam un kultivētu sevī patieso mīlestību, tad mūsu darbam priekš Dieva Valstības nav nekādas saistības ar Dievu, lai arī, cik uzticīgi un centīgi mēs to nepildītu. Tad notiks tas, par ko Jēzus runāja: „Un tad Es tiem apliecināšu: Es jūs nekad neesmu pazinis; eita nost no Manis, jūs ļauna darītāji," (Mateja 7:23).

## Mīlestība, kas atnes Debesu balvas.

Parasti, tuvojoties gada beigām, daudzas organizācijas un privātpersonas ziedo naudu, lai palīdzētu trūkumcietējiem, pēc tam, kā pa televīziju vai laikrakstos tiek izziņots par labdarības akcijām. Bet kā tad, ja tieši tie, kas deva ziedojumu, nebūs nopublicēti presē? Visdrīzāk, tad nebūs daudz kompāniju un privātpersonu, kas izrādīs vēlmi ziedot naudu.

Mateja Evaņģēlijā, 6:1-2, Jēzus saka: „Sargājaties, ka jūsu taisnība nav tāda, kas grib spīdēt ļaužu priekšā, citādi jums nav nekādas algas pie jūsu Tēva debesīs. Kad tu dod mīlestības dāvanas, tad neliec to izbazūnēt savā priekšā, kā liekuļi to dara sinagogās un ielās, lai ļaudis tos godinātu. Patiesi Es jums saku: tiem jau ir sava alga." Ja mēs palīdzam citiem, tādēļ lai iegūtu ļaužu atzinību, tad mēs varam nopelnīt šā brīža pagodinājumus, bet tad mēs nesaņemsim nekādas balvas no Dieva.

Tādi darbi tiek darīti tikai, lai apmierinātu sevi un izrādītos. Ja cilvēks nodarbojas ar labdarību formāli, tad saņemot uzslavas par to, viņa sirds paaugstināsies arvien vairāk un vairāk. Ja Dievs svētīs tādu cilvēku, tad viņš var sākt uzskatīt sevi par pietiekami cienīgu Dieva acīs un nesāks apgraizīt savu sirdi. Bet tas nesīs viņam tikai sliktu. Ja jūs darāt labdarības darbu aiz mīlestības pret tuvākajiem, tad jums nav svarīgi, vai to citi ļaudis ir ievērojuši vai nav. Jo jūs ticat tam, ka Dievs Tēvs, redzot apslēpto, atmaksās jums bagātīgi.

Labdarības darbs Kungā – tas ir ne tikai dzīves galveno pamatvajadzību apmierināšana, teiksim, apģērbs, ēdiens un pajumte. Tas lielā mērā attiecas uz nepieciešamību nodrošināt vajadzību pēc garīgās maizes, kas nepieciešama, lai glābtu dvēseles. Mūsu laikā daudzi cilvēki, neatkarīgi no tā, vai viņi tic Kungam vai nē, uzskata, ka baznīcas uzdevums – palīdzēt slimiem, pamestiem un nabadzīgiem. Tas, protams, nav tā: pirmais draudzes pienākums ir sludināt Evaņģēliju un glābt dvēseles, lai tās iegūtu garīgo pasauli. Tas arī ir galvenais visu labdarības akciju mērķis.

Tādā veidā, palīdzot citiem, ļoti svarīgi veikt labdarības akcijas, saņemot Svētā Gara vadību. Ja mēs parādīsim cilvēkam palīdzību nevietā, tad tas var pievest pie tā, ka viņš attālināsies no Dieva. Pie sliktākās notikumu attīstības, tas var novest viņu uz ceļa, kas ved uz nāvi. Piemēram, ja mēs palīdzam tiem, kas nokļuvuši trūkumā, tādēļ ka aizraujas ar alkoholu un azartspēlēm, vai tiem, kam radušās nepatikšanas tādēļ, ka nav klausījuši Dieva gribai, tad mūsu palīdzība vēl vairāk novirzīs viņus no ceļa. Protams, tas nenozīmē, ka mums nav jāpalīdz neticīgajiem. Mums jāpalīdz neticīgajiem, aiznest līdz viņiem Dieva mīlestību. Tomēr to darot, mums nav jāizmirst, ka galvenais labdarības darbu mērķis – tā ir Evaņģēlija pasludināšana.

Ja runāt par tikko ticēt sākušiem, kuros ir vāja ticība, tad ļoti svarīgi atbalstīt viņus līdz tam laikam, kamēr viņi nepieaugs ticībā.

Reizēm starp ticīgajiem var sastapt cilvēkus, kuri nespēj patstāvīgi nopelnīt iztikai dēļ iedzimtām vainām vai nelaimes gadījuma sekām. Ir arī vecāki cilvēki, kuri dzīvo vieni, un bērni, kuriem nākas pašiem vadīt savu saimniecību, tādēļ ka viņiem nav vecāku. Viņiem, kā likums, ļoti nepieciešama labdarības palīdzība. Ja mēs palīdzam cilvēkiem, kuri patiešām dzīvo trūkumā, tad Dievs palīdzēs mūsu dvēselēm būt veselām un gūt sekmes, un viss mums būs labi.

Svēto Apustuļu Darbos, desmitajā nodaļā, runāts par Kornēliju – cilvēku, kas saņēma svētības. Viņš bija cilvēks, kas bijās Dieva un darīja daudzus žēlsirdības darbus ebreju tautai. Viņš bija centurions, augstu stāvošs armijas oficieris, armijā, kas bija okupējusi Izraēlu. Šajā situācijā viņam, noteikti, bija grūti palīdzēt vietējiem iedzīvotājiem. Jūdi, visdrīzāk, ar piesardzību un aizdomām attiecās pret to, ko viņš priekš tiem darīja, bet dienesta biedri, acīm redzami, kritizēja viņu par to. Bet, esot dievbijīgs, viņš turpināja darīt žēlastības darbus un darīja labu. Dievs, redzot visus viņa darbus, rezultātā sūtīja pie viņa uz mājām Pēteri, lai glābtu ne tikai visu viņa ģimeni, bet arī visi, kas dzīvoja kopā ar viņu, viņa namā, saņēma Svēto Garu un glābšanu.

Garīgā mīlestība nav svarīga tikai priekš tā, lai veiktu labdarības darbus, bet arī priekš tā, lai dotu upurus Dievam. Marka Evaņģēlijā, 12 nodaļā, mēs lasām par atraitni, kura izpelnījās Jēzus uzslavu, dodot upuri no visas sirds. Viņa deva tikai vara monētas – visu, kas viņai bija palicis iztikai. Tad kāpēc gan Jēzus tik augstu novērtēja viņas rīcību? Mateja Evaņģēlijā 6:21, teikts: „Jo, kur ir tava manta, tur būs arī tava sirds." Tas ir, atraitne atdodot visus savus iztikas līdzekļus, pēc būtības, atdeva Dievam visu savu sirdi. Tā bija viņas mīlestības parādīšana pret Dievu. Bet, lūk, ziedojumi, kuri tiek doti negribīgi vai speciāli, lai pievērstu cilvēku uzmanību, nevar būt Dievam tīkami. Rezultātā, tamlīdzīgi devumi nenesīs devējam nekādas dividendes.

## Mīlestība, kas gatava pašuzupurēties.

Un tagad parunāsim par pašuzupurēšanos. „Atdot savu ķermeni sadedzināšanai" – nozīmē „pilnīgi sevi ziedot." Parasti uz upuriem iet aiz mīlestības pret kādu, taču to var darīt arī bez mīlestības. Un tā, kas tie par upuriem, kuri tiek pienesti bez mīlestības?

Sākt žēloties par grūtībām, darot Dieva darbu, - tas ir upurēšanas pienesuma bez mīlestības piemērs. Cits piemērs, kad jūs patērējuši visus savus spēkus, laiku un naudu Dieva darbam, bet nesaņēmuši par to nekādu uzslavu un atzinību, esat sašutis un sākat izrādīt ar to savu neapmierinātību. Vai vēl: jūs, redzot savus darba biedrus un jūtot, ka viņos nav tādas pat degsmes darbā kā jums, lai arī viņi apgalvo, ka mīl Dievu un Kungu, pie sevis domājat, ka viņi ir slinki. Beigu beigās jūs sākat viņus vienkārši nosodīt. Zem tādas uzvedības slēpjas apslēpta vēlme palielīties ar uzticību savam darbam, tieksme uz to, lai jūsu panākumus citi ievērotu un jūs paslavētu. Tamlīdzīga pašuzupurēšanās var izjaukt mieru starp cilvēkiem un apbēdināt Dievu. Lūk, tādēļ no upura bez mīlestības nav nekāda labuma.

Varbūt jūs arī neizrādāt skaļi savu neapmierinātību. Bet, ja neviens nenovērtēs jūsu centību darbā, tad vilšanās un domas par to, ka jūs nekas neesat un neko nevarat, atdzesēs jūsu degsmi par Kungu. Ja kāds norādīs jums uz jūsu kļūdām vai paviršību darbā, kuram jūs atdevāt visus savus spēkus, visu sevi, tad jūs varat krist izmisumā un sākt nosodīt cilvēkus, kas jūs kritizēja. Ja kādam būs vairāk augļu nekā jums, viņu vairāk slavēs un ļaudis pret viņu būs labvēlīgāki, tad jūs sāksiet apskaust viņu. Un tad, lai cik uzticīgi un dedzīgi jūs nebūtu darbā, jūsos nebūs patiesa prieka. Nav izslēgts, ka jūs pat atteiksieties no saviem pienākumiem.

Ir cilvēki, kuri demonstrē savu dedzību darbā tikai tad, kad viņus kāds redz. Bet, ja neviens neredz, nepamana, tad viņi pilda savus pienākumus slinki, nesistemātiski, nolaistām rokām. Viņi cenšas darīt tikai to, kas citiem krīt acīs, nonievājot nepamanāmu darbu. Viss tādēļ, ka viņi grib sevi parādīt vadībai un daudziem citiem cilvēkiem, lai izpelnītos viņu uzslavu.

Ja cilvēkā ir ticība, bet nav mīlestības, vai gan viņš spēs upurēties citu dēļ. Viņam nepieciešams vispirms piepildīt garīgās mīlestības trūkumu. Citādāk, viņš nespēj noticēt tam, ka viss kas viņam ir, dots viņam no Dieva un viss pieder Dievam.

Ņemsim salīdzināšanai piemēru ar fermeri, kurš strādā paša laukā, un zemnieku, kurš strādā svešā laukā par samaksu. Fermeris no ausmas līdz rietam pūlas, apstrādājot savu zemi vaiga sviedros. Viņš neizlaidīs nevienu etapu darbā, izdarīs visu vajadzīgajā secībā. Taču algots darbinieks, kurš strādā svešā tīrumā, neatdod darbam visu savu enerģiju; viņš domā vienīgi par to, lai ātrāk pienāk vakars, un viņš saņēmis algu varēs doties mājās. Tas pats princips attiecas arī uz Dieva Valstību. Ja ļaužu sirdīs nav mīlestības pret Dievu, tad viņi strādās priekš Viņa, kā algoti darbinieki, kuriem vienkārši vajadzīga alga. Un viņi sāks vaimanāt un žēloties, ja pēkšņi nesaņems gaidīto atalgojumu.

Lūk, tādēļ Vēstulē Kolosiešiem 3:23-24, rakstīts: „Visu, ko jūs darāt, to dariet no sirds – ne kā cilvēkiem, bet kā Kungam, zinādami, ka jūsu saņemsiet no Kunga savu mantojuma daļu: jūs esat Kunga Kristus kalpi." Ja jūs palīdzat cilvēkiem un upurējat sevi, bez garīgās mīlestības, tad tam visam nav nekā kopīga ar kalpošanu Dievam, un tas nozīmē, ka par saviem darbiem jūs nevarēsiet saņemt nekādu apbalvojumu no Dieva.

Patiesu pašuzupurēšanos var veikt tikai tad, kad mūsu sirdī ir garīgā mīlestība. Ja mūsu sirds piepildīta ar garīgo mīlestību, tad mēs veltīsim savu dzīvi Kungam, atdodot Viņam visu, kas mums ir un neatkarīgi no tā, kāda pret to ir apkārtējo attieksme. Kļūstot kā svece, kura deg un spīd tumsā, mēs varam atteikties no visa, kas mums ir. Vecajā Derībā, kad priesteri nokāva dzīvniekus, lai pienestu Dievam izpirkšanas upuri, viņi izlēja asinis un sadedzināja dzīvnieka taukus uz altāra. Mūsu Kungs Jēzus – upurētais Jērs, lai apžēlotos par mums, mūsu grēku dēļ izlēja visas Savas Asinis un ūdeni līdz pēdējai lāsei, lai izpirktu cilvēces grēkus. Viņš parādīja mums patiesas upurēšanās piemēru.

Kāpēc Viņa upurī bija spēks, kas ļāva daudzām dvēselēm iegūt glābšanu? Tādēļ ka Viņš pienesa Sevi kā upuri aiz mīlestības pret mums. Lai piepildītu Dieva gribu, Jēzus ziedoja Savu dzīvību. Pat pēdējā krustā sišanas momentā Viņš lūdzās par dvēselēm, lūdzot tām piedošanu. Un tā kā tā bija patiesa upurpienešana, Dievs paaugstināja Viņu un piešķīra Viņam pašu godājamāko stāvokli Debesīs.

Tā vēstulē Filipiešiem 2:9-10, teikts: „Tādēļ arī Dievs Viņu paaugstināja un dāvāja Viņam vārdu, kas ir pāri visiem vārdiem, lai Jēzus Vārdā visi mestos ceļos – kas debesīs, kas virs zemes un zem zemes."

Ja atbrīvojušies no skopulības un sliktām vēlmēm, mēs iesim uz pašuzupurēšanos ar tīru sirdi, līdzīgi Jēzum, tad Dievs paaugstinās mūs, pacels augstākā pakāpē. Mateja Evaņģēlijā 5:8, mūsu Kungs apsolījis: „Svētīgi sirdsšķīstie, jo viņi Dievu redzēs." Tas nozīmē, mēs būsim svētīti ar iespēju redzēt Dievu vaigu vaigā.

### Mīlestība, kas ir augstāka par taisnīgumu.

Mācītāju Jangu Von Sonu nosauca par „mīlestības

atombumbu." Viņš parādīja pašuzupurēšanās piemēru, kas darīts ar patiesu mīlestību. Ar visu savu spēku viņš palīdzēja spitālīgajiem. Viņš bija iesēdināts cietumā, par atteikšanos pielūgt japāņu svētumus, kad Japāna valdīja pār Koreju. Neskatoties uz viņu uzticīgo kalpošanu Dievam, viņš saņēma šokējošu ziņu. 1948. gada oktobrī divi viņa dēli tika kreiso ekstrēmistu karavīru nogalināti sacelšanās laikā pret valdošo varu.

Parasti ļaudis sāktu žēloties uz Dievu, sakot: „Ja Dievs ir Dzīvs, tad kā Viņš varēja izdarīt ko tādu ar mani?" Bet viņš sāka pateikties par to, ka abi viņa dēli kļuvuši par mocekļiem un aizgājuši uz Debesīm, pie Kunga. Vēl vairāk, viņš ne tikai piedeva savu dēlu slepkavam, bet arī pieņēma to par savu dēlu. Bēru laikā viņš pateicās Dievam sakot, ka viņam ir deviņi iemesli priekš tā, ar to dziļi aizkustinot daudzu ļaužu sirdis.

„Pirmkārt, es esmu pateicīgs par to, ka mani dēli kļuvuši par mocekļiem, lai arī viņi bija manas dzimtas turpinātāji, bet es esmu pilns pārkāpumu.

Otrkārt, es pienesu pateicību Dievam par to, ka šie dārgie bērni piedzima tieši manā ģimenē, kas izraudzīta no daudzu citu ticīgo ģimeņu skaita.

Treškārt, es pateicos par to, ka upurim bija pienesti dēli, pirmais un otrais, kuri bija paši skaistākie no trim maniem dēliem un trīs meitām.

Ceturtkārt, nav jau tik vienkārši, lai viens dēls kļūtu par mocekli, bet man divi dēli kļuvuši par mocekļiem, un es esmu par to pateicīgs.

Piektkārt, tā ir svētība – nomirt ar mieru un ticību Kungam Jēzum, un es esmu pateicīgs par to, ka viņi saņēma mocekļa godu, tiekot nošauti un nogalināti tajā laikā, kad viņi sludināja Evaņģēliju."

Sestkārt, viņi gatavojās braukt uz ASV mācīties, bet tā vietā devās uz Debesu Valstību – vietu, kas daudz labāka nekā Savienotie Štati. Es esmu mierīgs un pateicīgs par to.

Septītkārt, es pateicos Dievam, kas ļāva man pieņemt par dēlu ienaidnieku, kurš nogalināja manus dēlus.

Astotkārt, es pateicos, tādēļ ka es ticu, ka manu dēlu mocekļa nāve atnesīs bagātīgus Debesu augļus.

Devītkārt, es esmu pateicīgs Dievam, kas ļauj man iepazīt Dieva mīlestību un priecāties, neskatoties uz grūtībām."

Lai rūpētos par slimiem ļaudīm, mācītājs Jangs Von Sons atteicās no evakuācijas pat Korejas kara laikā. Un rezultātā viņš bija komunistu zaldātu nomocīts. Viņš palīdzēja slimajiem, kas bija pilnībā atstumti; parādot laipnību viņš pieņēma savā ģimenē ienaidnieku, kas nogalināja viņa dēlus. Viņš bija spējīgs uz tādu pašuzupurēšanos, tādēļ ka bija piepildīts ar patiesu mīlestību uz Dievu un uz citām dvēselēm.

Vēstulē Kolosiešiem 3:14, rakstīts: „Bet pāri visam, lai ir mīlestība, kas visu sasien kopā pilnībā." Pat ja mēs runājam ar eņģeļu mēlēm un esam ar ticību, kas spēj kalnus pārvietot, un mēs esam gatavi upurēt sevi dēļ tiem, kas atrodas trūkumā, mūsu pūles Dieva acīs nav pilnīgas, ja mūs nevirza patiesa mīlestība. Lai aizsniegtu bezgalīgo Dieva mīlestības telpu, izpētīsim visas patiesas mīlestības īpašības.

# Mīlestības raksturīgās īpatnības

„Mīlestība ir pacietīga, mīlestība ir labvēlīga, tā nav greizsirdīga, mīlestība nelielās, tā nav uzpūtīga. Tā neizturas piedauzīgi, tā nemeklē savu labumu, tā neskaišas, tā nepiemin ļaunu. Tā nepriecājas par netaisnību, bet priecājas par patiesību. Tā panes visu, un uzticas visam, tā iztur visu,"

(1. Vēst. Korintiešiem 13:4-7)

Mateja Evaņģēlijā, 24. nodaļā mēs atrodam notikumu kurā Jēzus bēdājas skatoties uz Jeruzalemi, jo Viņš zina, ka tuvojas Viņa laiks. Viņam stāvēja priekšā būt krustā piesistam pēc Dieva providences, bet Viņš nevarēja nebēdāties, domājot par tām nelaimēm, kuras gaida Jūdus un Jeruzalemi. Viņa mācekļi interesējās: „...Kad šīs lietas notiks un kāda būs Tavas atnākšanas un pastarā laika zīme?" (3p.).

Jēzus viņiem stāstīja par daudzām Savas atnākšanas pazīmēm, un ar rūgtumu uzsvēra, ka mīlestība atdzisīs: „Un, tāpēc ka netaisnība ies vairumā, mīlestība daudzos izdzisīs," (12p.).

Šodien mēs patiešām izjūtam, kā mīlestība starp cilvēkiem atdziest. Daudzi ļaudis meklē mīlestību taču viņi nezin, kas tas ir patiesa mīlestība, tas ir garīga mīlestība. Mēs nespēsim iegūt patiesu mīlestību tikai tāpēc, ka mums to gribas. Īsta mīlestība rodas pēc tā mēra, kādā Dieva mīlestība izlejas mūsu sirdī. Pēc tā mēs sākam saprast, kas ir patiesa mīlestība un attīrīt savu sirdi no ļaunuma.

Vēstulē Romiešiem 5:5, teikts: „... bet cerība nepamet kaunā, jo mūsu sirdīs izlieta Dieva mīlestība ar Svēto Garu, kas mums dots." Tātad teikts, ka mēs varam sajust Dieva mīlestību pateicoties Svētajam Garam mūsu sirdī.

Dievs stāsta mums par raksturīgām garīgās mīlestības īpašībām, kas aprakstītas 1. vēstulē Korintiešiem (13:4-7). Dieva bērniem jāzina par tām un praktiski tās jāpielieto, lai kļūtu par mīlestības vēstnešiem, kuri var palīdzēt ļaudīm sajust garīgo mīlestību.

 ## 1. Mīlestība ir pacietīga

Ja cilvēkam trūkst pacietības, vienas no garīgās mīlestības īpašībām, tad viņš viegli var likt vilties citiem cilvēkiem. Pieņemsim, darbu vadītājs dod darbiniekam uzdevumu, bet tas nav izpildījis darbu kā pienākas. Un tad vadītājam nāksies uzdot tālāk kādam citam darbiniekam novest darbu līdz galam. Bet tas, kam uzdevums bija dots vispirms, satrauksies, nožēlojot to, ka viņam nedeva vēl vienu iespēju izlabot savu nolaidību. No visām mīlestības īpašībām Dievs licis pacietību pirmajā vietā, tādēļ ka tā svarīga priekš garīgās mīlestības kultivācijas. Kad ir mīlestība, tad gaidīšana neuztrauc.

Iepazīstot Dieva mīlestību, mēs cenšamies padalīties ar šo mīlestību ar citiem cilvēkiem. Reizēm, cenšoties parādīt pret cilvēkiem mīlestību, mēs sastopamies ar viņu naidīgumu, un tas sāpina mūsu sirdi un tur paliek rūgtums. Pēc tam šie cilvēki vairāk nešķitīs mums tik pievilcīgi, un mēs vairs tos nesapratīsim. Lai iegūtu garīgu mīlestību, jābūt pacietīgam un jāiemācās mīlēt arī tādus ļaudis. Pat, ja viņi apmelo mūs, neieredz mūs, bez jebkāda iemesla cenšas radīt mums grūtības, mums sevi jākontrolē, jābūt pacietīgiem un jāmīl tos.

Vienreiz draudzes apmeklētājs paprasīja mani palūgties par viņa sievu, kurai tajā momentā bija depresija. Viņš tāpat stāstīja, ka pašam patika iedzert, un kad viņš lietoja alkoholu, tad kļuva par pilnīgi citu cilvēku un radīja savai ģimenei problēmas. Viņa sieva tomēr bija pacietīga pret viņu un katru reizi centās ar savu mīlestību pārklāt viņa pārkāpumus. Taču viņš nemainīja savus paradumus, tādēļ ar laiku kļuva par alkoholiķi. Bet viņa sieva zaudēja vēlmi dzīvot un iekrita depresijā.

No viņa tieksmes uz dzeršanu cieta visa ģimene, tomēr viņš atnāca, lai saņemtu manu aizlūgšanu, tādēļ ka vēl arvien mīlēja sievu. Uzklausījis viņa stāstu, es viņam teicu: „Ja tu patiešām mīli savu sievu, tad kas grūts tajā, lai atmestu dzert un smēķēt?" Viņš ne vārda neatbildēja, bet bija redzams, ka viņš nav par sevi pārliecināts. Man bija žēl viņa ģimeni un es palūdzos par to, lai viņa sieva izveseļojas no depresijas. Es tāpat palūdzos par to, lai viņam būtu spēks atmest dzert un smēķēt. Dieva spēks ir apbrīnojams! Pēc lūgšanas viņš vairāk nedomāja par to, lai iedzertu vai uzpīpētu. Līdz tam viņš nekādi nespēja atteikties no alkohola, taču pēc lūgšanas viņš atmeta dzeršanu. Un viņa sieva atveseļojās no depresijas.

### Garīgā mīlestība sākas no pacietības.

Lai pieaugtu garīgajā mīlestībā, mums jābūt pacietīgiem ar citiem jebkurā situācijā. Vai jums ir apgrūtinoši, kad jābūt neatlaidīgiem? Vai gan, kā gadījumā ar sievieti, par ko stāstīts manā stāstā, jūs neiekritīsiet grūtsirdībā, ja situācija nemainīsies uz labu, neskatoties uz jūsu ilgstošo pacietību? Tad pirms vainot nelabvēlīgos apstākļus vai citus ļaudis, mums jāpārbauda pašiem sevi. Ja mēs esam uzaudzējuši patiesību savā sirdī, tad nekādi apstākļi nepatraucēs mums būt pacietīgiem. Bet ja mēs nevaram parādīt pacietību, tad tas nozīmē, ka mūsu sirdī vēl aizvien ir ļaunums, ko radījusi nepatiesība, un tas neļauj būt mums pacietīgiem.

Būt pacietīgiem – nozīmē būt pacietīgiem pret sevi arī un mācēt pārciest visas grūtības, kuras sastopam savā ceļā, cenšoties parādīt patiesu mīlestību. Kad mēs, paklausām Dieva Vārdam, cenšamies mīlēt visus, mēs varam sadurties ar grūtām situācijām. Garīgās mīlestības ilgstošā pacietība – tā ir māka paradīt pacietību pie jebkuriem apstākļiem.

Garīgās mīlestības pacietība atšķiras no pacietības, kura ir viens no Deviņiem Svētā Gara augļiem, kas aprakstīta Vēstulē Galatiešiem (5:22-23). Ar ko gan tās atšķiras? Pacietība, kā Svētā Gara auglis, mudina parādīt pacietību visā, dēļ Dieva Valstības un Dieva taisnības, bet garīgās mīlestības pacietība runā par to, ka vajag pacietīgi izkopt garīgo mīlestību. Tas ir šaurāks, specifiskāks termins. Mēs varam teikt, ka garīgās mīlestības pacietība – tā ir viena no pacietības izpausmēm, kas pieminēta Deviņu Svētā gara augļu skaitā.

| Pacietība kā viens no deviņiem Svētā Gara augļiem | 1. Atmest visādu nepatiesību un kultivēt savā sirdī patiesību.<br>2. Saprast citus, rūpēties par viņu labumu un dzīvot ar viņiem mierā.<br>3. Saņemt atbildes uz lūgšanām, glābšanu un Dieva apsolītās svētības. |
|---|---|

Mūsu laikā ļaudis ar vieglu roku iesniedz prasības tiesā cits pret citu, ja viņu īpašumam vai labklājībai radīts kaut mazākais kaitējums. Tiesas instancēs sūdzības ienāk burtiski straumēm. Ļoti bieži savā starpā tiesājas vīri un sievas, vecāki un bērni. Ja jūs esat ar pacietīgu attieksmi pret cilvēkiem, tad apkārtējie var pasmieties par jums, uzskatīt jūs par muļķiem. Un ko šajā gadījumā saka Jēzus?

Mateja Evaņģēlijā 5:39, teikts: „Bet Es jums saku: jums nebūs pretim stāvēt ļaunajam; bet kas tev sit labajā vaigā, tam pagriez arī otru"; un tālāk, 5:40, mēs lasām: „Un, kas ar tevi grib tiesāties un ņemt tavus svārkus, tam atdod arī apmetni."

Jēzus aicina mūs ne tikai neatbildēt uz ļaunu ar ļaunu, bet arī būt pacietīgiem. Viņš tāpat aicina mūs darīt labu tiem, kas dara ļaunu. Mēs varam padomāt: kā gan darīt labu cilvēkiem, kad mēs esam sakaitināti un mums nodarīts pāri. Ja mums ir ticība un mīlestība, mēs mācēsim to izdarīt. Ar to mēs apstiprināsim savu ticību un mīlestību uz Dievu, kas atdeva Savu Vienpiedzimušo Dēlu, lai apžēlotos par mūsu grēkiem. Ticot tam, ka šī mīlestība bija mums dāvāta, mēs varēsim piedot cilvēkiem, kuri piespieda mūs ciest un radīja mums zaudējumus. Ja mēs mīlam Dievu, kas mūs mīl tik ļoti, ka mūsu glābšanas dēļ Viņš upurēja Savu Vienpiedzimušo Dēlu un, ja mēs mīlam Kungu, kas atdevis par mums Savu dzīvību, tad mīlēsim katru un visus.

Bezgalīgā pacietība.

Daži cilvēki apslāpē sevī naidu, dusmas, aizkaitinājumu un citas negatīvas emocijas, bet pēc tam, kad viņu pacietības robežas beidzas, vienkārši uzsprāgst. Intravertajiem nav tik vienkārši izteikt savas emocijas, tādēļ viņi cieš savā sirdī un pārmērīgais stress negatīvi iespaido viņu veselību. Tādu pacietību var salīdzināt ar metāla atsperes spiešanu ar rokām: kā tikai mēs atlaidīsim no tās rokas, atspere tūlīt pat iztaisnosies un paleksies uz augšu.

Dievs vēlas, lai mēs būtu nemainīgi pacietīgi līdz beigām. Ja precīzāk, tad esot ar tamlīdzīgu pacietību, mums nenāksies piespiest sevi kaut ko paciest. Mēs nesāksim krāt ienaidu un nepatiku savā sirdī, mēs iztīrīsim no sirds pirmatnējo ļaunuma dabu, kura rada nocietināšanos, un piepildīsim to ar mīlestību un līdzjūtību. Tajā arī ietverta garīgās pacietības būtība. Ja mūsu sirdī nav nekāda ļaunuma, un tā līdz malām piepildīta tikai ar garīgu mīlestību, tad mīlēt pat savus ienaidniekus nebūs grūti. Pie tam, mēs no paša sākuma nepieļausim, lai starp mums, un kādu, lai kas tas nebūtu, rastos ienaids.

Ja mūsu sirds piepildīta ar naidīgumu, strīdiem, skaudību un greizsirdību, tad arī labsirdīgajos cilvēkos mēs uzreiz sāksim ievērot trūkumus. Tas līdzīgi tam, kā viss apkārt satumst, tad mēs uzliekam saulesbrilles. Bet, ja mūsu sirdis pilnas ar mīlestību, tad pat tie, kas dara ļaunus darbus, mums liksies labi cilvēki. Lai kādi trūkumi un vājības viņiem nebūtu, lai ko sliktu ari viņi nedarītu, mēs vienalga nesāksim tos neieredzēt. Pat, ja viņi neieredz mūs un dara mums ļaunu, mēs neatbildēsim viņiem ar to pašu.

Ar pacietību atšķiras arī Jēzus sirds, Kas „ielūzušu niedri nesalauzīs un kvēlojošu dakti nenodzēsīs." Tāda bija arī Stefana sirds, kurš lūdzās par tiem, kas nomētāja viņu ar akmeņiem, ar vārdiem: „Kungs! nepiemini viņiem šo grēku," (Apustuļu darbi 7:60). Viņi nomētāja Stefanu ar akmeņiem tikai par to, ka viņš sludināja viņiem Evaņģēliju. Un vai Jēzum bija grūti mīlēt grēciniekus? Nepavisam nē! Tādēļ ka Viņa sirds – tā bija pati patiesība!

Vienreiz Pēteris jautāja Jēzum: „Kungs! cik reizes man jāpiedod savam brālim, kas grēko pret mani? Vai ir diezgan septiņas reizes?" (Mateja 18:21). Uz to Jēzus atbildēja: „Es tev nesaku septiņas reizes, bet septiņdesmit reiz septiņas" (22p).

Tas nenozīmē, ka mums jāpiedod tikai septiņdesmit reizes, kas pareizināts ar septiņi, un kas kopsummā dod mums 490 reizes. Skaitlis „septiņi," garīgajā plānā ir pilnības simbols. Tādēļ „līdz septiņdesmit reiz septiņas" reizes simbolizē pilnīgu piedošanu. Šeit mēs varam sajust Jēzus bezgalīgo mīlestību un piedošanu.

## Pacietība, kas ved pie pilnīgas mīlestības.

Protams, ka nav tik vienkārši vienā naktī pārvērst savu ienaidu mīlestībā. Mums ilgu laiku neatlaidīgi jācenšas parādīt pacietību. Vēstulē Efeziešiem 4:26, teikts: „Dusmās neapgrēkojieties, lai saule nenoriet, jums dusmojoties."

Šeit vārds „dusmās" adresēts tiem, kam vāja ticība. Dievs saka šiem cilvēkiem, ka, ja pat viņi dusmojas dēļ ticības trūkuma, viņiem nav jāglabā savas dusmas līdz saules rietam, vai, citiem vārdiem, ilgu laiku; jāļauj šīm jūtām aiziet. Pat tad, kad niknuma vai dusmu jūtas nāk no cilvēka sirds, bet viņš, pēc savas ticības mēra arī parādot pacietību un pastāvību, sāks atbrīvoties no šīm jūtām, tad viņš spēs izmainīt savu sirdi, pārvēršot to patiesības sirdī. Un tad viņā pakāpeniski sāks pieaugt garīgā mīlestība.

Tā kā grēcīgā daba ielaidusi dziļas saknes cilvēka sirdī, tad atbrīvoties no tās viņš varēs, tikai karsti lūdzoties Svētā Gara pilnībā. Ļoti svarīgi, lai mēs censtos skatīties uz cilvēkiem, kuri mums nepatīk, labvēlīgi un parādīt tiem savus labos darbus. Tā rīkojoties, mēs drīzumā pārliecināsimies, ka ienaids aizgājis no mūsu sirds, un mēs varam iemīlēt šos ļaudis. Mēs ne ar vienu nekonfliktēsim, un nepaliks tādu, kurus mēs neieredzam. Mēs dzīvosim laimīgi, kā Debesīs. To arī domāja Jēzus, sakot „jo redziet, Debesu Valstība ir jūsu sirdīs," (Lūkas 17:21).

Kad ļaudis laimīgi, viņi saka, ka jūtas kā Debesīs. Debesu Valstība, kura atrodas mūsos, norāda uz to, ka jūs, atbrīvojušies no visādas nepatiesības savā sirdī, esat piepildījuši to ar patiesību, mīlestību un labvēlību. Un, ja tas ir tā, tad jums nenāksies būt pacietīgiem, tādēļ ka jūs vienmēr būsiet laimīgi, priecīgi un labestības piepildīti, jo jūs mīlat tos, kas jums apkārt. Jo vairāk jūs attīrīsieties no ļaunuma un piepildīsieties ar labvēlību, jo mazāk pacietības jums vajadzēs. Jo vairāk jūsos būs garīgā mīlestība, jo mazāk jums nāksies izrādīt paciešanu, apspiežot sevī kādas jūtas. Un jūs pratīsiet, pacietīgi un mierīgi, ar mīlestību sagaidīt to, ka cilvēki, kas jums apkārt, sāks mainīties.

Debesīs nav ne asaru, ne bēdu, ne sāpju. Tā kā Debesīs nav nekāda ļaunuma, bet ir tikai labestība un mīlestība, tad jums nebūs naida ne pret vienu, jums nevajadzēs dusmoties uz kādu vai būt aizkaitinātiem. Jums nevajadzēs savaldīt vai kontrolēt savas emocijas. Protams, ka mūsu Dievam nevajag būt pacietīgam, tādēļ ka Viņš – pati Mīlestība. Tā kā cilvēkiem ir dvēsele, personīgās domas un uzstādījumi, tad Bībele saka, ka mīlestībai jābūt spējīgai uz ilgu pacietību. Taču Dievs grib palīdzēt cilvēkiem saprast, ka jo vairāk viņi atbrīvosies no ļaunuma un piepildīsies ar labvēlību, jo mazāk viņiem būs vajadzība pēc paciešanās.

## Pārvērst ienaidniekus par draugiem, parādot pacietību.

Kad sešpadsmitais Savienoto Štatu prezidents Ābrams Linkolns un Edvīns Stentons bija vēl vienkārši juristi, viņiem bija sarežģītas attiecības. Stentons bija no pārtikušas ģimenes un saņēmis labu izglītību. Linkolna tēvs bija nabadzīgs kurpnieks un pat nebija beidzis sākumskolu. Stentons, neizvēloties vārdus ņirgājās par Linkolnu. Taču Linkolns nekad nedusmojās un neizrādīja attiecībā pret viņu naidīgumu.

Pēc tam, kad Linkolns bija izvēlēts par prezidentu, viņš nozīmēja Stentonu par kara ministru. Linkolns zināja, ka Stentons bija tieši tas cilvēks, kurš atbilda vienam no pašiem svarīgākajiem amatiem viņa Kabinetā. Vēlāk, kad Linkolns bija sašauts Forda teātrī, vairums ļaužu sāka mukt projām, glābjot savu dzīvību. Taču Stentons metās Linkolnam palīgā. Turot Linkolnu savās rokās un skatoties uz viņu asaru pilnām acīm, viņš teica: „Šeit guļ lielākais no pasaules cilvēkiem. Viņš – pats izcilākais līderis vēsturē."

Pacietība un garīgā mīlestība var darīt brīnumus, pārvēršot ienaidniekus par draugiem. Mateja Evaņģēlija 5:45, teikt: „... ka jūs topat sava Debesu Tēva bērni, jo Viņš liek Savai saulei uzlēkt pār ļauniem un labiem un liek lietum līt pār taisniem un netaisniem."

Dievs ir pacietīgs pat pret tiem ļaudīm, kuri dara ļaunu. Viņš gaida to dienu, kad viņi mainīsies. Ja mēs atbildam uz ļaunu ar ļaunu, tas nozīmē, ka mūsos arī ir ļaunums. Bet, ja mēs vērsīsim savu skatienu uz Dievu, parādīsim pacietību un mīlestību, tad Viņš apbalvos mūs par to un nākotnē mums būs brīnišķīgs mājoklis Debesīs (Psalmi 36:8-9).

## 2. Mīlestība ir labvēlīga

Vienā no Ezopa balādēm ir stāsts par sauli un vēju. Vienreiz saule un vējš sastrīdējās par to, kurš pirmais noģērbs lietusmēteli no garāmgājēja. Vējš sāka pirmais: viņš pūta augstprātīgi un kaujinieciski, uzsūtot garāmgājējam tik spēcīgas brāzmas, kas spēja nogāzt koku. Bet, jo stiprāk pūta vējš, jo vairāk viņš ietinās lietusmētelī. Un tad uzspīdēja saule un labsirdīgi smaidot sūtīja viņam savus starus. Palika silti, vīrietis sasildījās, un pats novilka lietusmēteli.

No šī stāsta var smelties labu mācību. Vējš centās ar spēku piespiest cilvēku noģērbt lietusmēteli. Bet saule mudināja viņu labprātīgi novilkt lietusmēteli. Labestība darbojas tāpat. Labvēlība un laipnība spēj aizkustināt cilvēka sirdi un iekarot viņu bez fiziskām pūlēm, bet ar laipnību un mīlestību.

### Labvēlība noskaņo labi pret visiem cilvēkiem.

Labestīgi ļaudis ir labvēlīgi, tādēļ apkārtējie blakus viņiem jūtas mierīgi. Skaidrojošā vārdnīcā mēs atrodam, sekojošu, skaidrojumu vārdam „labvēlīgs" - tās ir „labas, cilvēkus mīlošas attiecības." Bet būt labvēlīgam – nozīmē būt ar pacietīgu raksturu. Lai jums būtu vieglāk saprast labvēlības un labestības būtību, iedomājaties vates klēpi. Vate neizdod ne skaņas, lai arī kādu priekšmetu jūs tajā iemestu. Tā vienkārši pieņem un ietīsta šo priekšmetu.

Labestīgs cilvēks līdzīgs kokam, kura ēnā daudzi var atpūsties. Ja karstā vasaras dienā jūs paslēpsieties no kvēlojošas saules stariem zem plaši izplesto koka zaru patvēruma, tad sajutīsieties daudz labāk, jums būs daudz vēsāks ēnā. Tāpat arī cilvēka sirds: ja tā labvēlīga, tad daudz ļaužu mācēs atrast atpūtu viņa klātbūtnē.

Lēnprātīgs un labvēlīgs cilvēks nemēdz dusmoties uz tiem, kas viņu kaitina, viņš neuzstās uz personīgo viedokli. Viņu sauc par maigu un labsirdīgu cilvēku. Taču, neatkarīgi no tā, cik viņš maigs un pazemīgs, ja viņa labestība nav atradusi labpatiku Dieva acīs, viņu nevar nosaukt par pa - īstam pazemīgu. Ir cilvēki, kuri paklausīgi citiem sava vājā un konservatīvā rakstura dēļ. Un ir arī tādi, kas apspiež sevī dusmas, neskatoties uz to, ka iekšēji viņi sapīkuši no problēmām, kuras tiem kāds radījis. Viņus nevar uzskatīt pa labsirdīgiem un lēnprātīgiem. Vienīgi tie, kuros nav ļaunuma, kuru sirdis piepildītas tikai ar mīlestību, var ar garīgu lēnprātību pieņemt un paciest cilvēkus, kuri dara ļaunu.

## Dievam tīkama garīga labvēlība.

Garīgā labvēlība ir rezultāts garīgās mīlestības pilnībai un ļaunuma neesamībai. Esot ar tādu īpašību, kā garīgā labvēlība, jūs ne ar vienu nenaidosieties, jūs pieņemsiet katru, lai cik nelietīgs viņš nebūtu. Un vēl: jūs esat pacietīgi, tādēļ, ka jūs esat gudri. Tomēr mums jāatceras, ka mēs nevaram skaitīties labvēlīgi un labprātīgi tikai tādēļ, ka mēs bez ierunām saprotam un piedodam citiem, parādot lēnprātību attiecībās ar visiem. Mums tāpat jābūt arī ar taisnīgumu, pašcieņu un autoritāti, lai virzītu apkārtējos un atstātu uz viņiem ietekmi. Tādā veidā garīgi labestīgs, labvēlīgs cilvēks ne tikai ir lēnprātīgs, bet arī tāpat gudrs un taisnīgs. Tāda cilvēka dzīve var kalpot par piemēru citiem. Ja runāt konkrētāk, tad labvēlīgs cilvēks savā sirdī ir lēnprātīgs, bet savos darbos – labdarībā augstsirdīgs.

Pat, ja jūs esat ar labu, labvēlīgu sirdi, kurā nav ļaunuma, bet ir tikai labais, bet pie tam jūsu labestība – tikai iekšēja īpašība, tad tas nepalīdzēs jums atstāt ietekmi uz cilvēkiem un pieņemt tos. Tādēļ, kopā ar iekšējo labsirdību, mums jāparāda arī labu darbu dāsnums, un tad mūsu labvēlība var kļūt pilnīga un būs ar lielu spēku. Ja mēs esam ar augstsirdību un sirds labestību, tad mēs mācēsim iekarot daudzu cilvēku sirdis un daudz panākt.

Cilvēks varēs pa īstam iemīlēt citu cilvēku tikai esot savā sirdī ar labvēlību un labsirdību, līdzjūtību un labu darbu dāsnumu. Un tad viņš varēs virzīt tos uz patiesības ceļa. Tāda sirds pievedīs daudzas dvēseles uz patiesas glābšanas ceļu. Bet labvēlība, kas apslēpta iekšienē, neizlies savu gaismu uz cilvēkiem bez labvēlīga dāsnuma, kurš parādās darbos. Un tagad izpētīsim, kas mums jādara, lai kultivētu sevī labvēlību un labestību.

## Svēttapšana – tā ir iekšējās labvēlības norma.

Priekš tam, lai kļūtu laipns un labestīgs, mums, pirmkārt, jāattīra sava sirds no ļaunuma un jākļūst sirdsšķīstiem. Bet laba sirds līdzīga vatei. Lai pat, ja kāds uzvedas agresīvi, tā neizdod ne skaņas, tā vienkārši pieņem šo cilvēku. Labvēlīgs cilvēks, kurā nav nekāda ļaunuma, ne ar vienu neiesaistās konfliktos. Ja jūsu sirds nocietināta ar ļaunumu, greizsirdību un skaudību vai tā sacietējusi no paštaisnības un nepiekāpības, tad mums būs grūti saprast un pieņemt citus.

Ja akmens nokritīs un atsitīsies pret citu akmeni vai cietu metālisku priekšmetu, tad tas ar troksni atleks. Tieši tāpat, ja miesīgais „es" vēl arvien dzīvs, tad mūsu neapmierinātība parādīsies aiz mazākā iemesla. Ieraugot nepilnības un kļūdas citu ļaužu raksturā, mēs, tā vietā, lai saprastu viņus un palīdzētu, sākam tiesāt un apsūdzēt viņus, tenkot un apmelot viņus. Tas tikai nozīmē, ka mēs esam līdzīgi mazam traukam, no kura viss līst ārā, lai ko tur ielietu.

Tā ir maza sirds, piepildīta ar tādu daudzumu sliktā, ka tā vairāk neko sevī nevar uzņemt. Piemēram, mēs varam apvainoties, ja kāds norādīs mums, uz mūsu kļūdām. Bet sadzirdējuši, ka kāds sačukstas, mēs varam padomāt, ka viņi noteikti runā par mums, un mums sagribēsies uzzināt, ko tieši viņi runā. Un mēs sāksim nosodīt ļaudis pat par to, ka viņi vienkārši uz mums ne tā paskatījušies.

Ļaunuma neesamība sirdī – galvenais nosacījums, lai uzaudzētu sevī labvēlību un labestību. Lieta tajā, ka, ja mūsos nav ļaunuma, tad mēs varam arī gādīgi pieņemt savā sirdī citus, un attiekties pret viņiem ar labvēlību un mīlestību. Labs cilvēks žēlsirdīgs un līdzjūtīgs pret apkārtējiem vienmēr. Viņam nav ne mazāko nodomu nosodīt vai apvainot tos par kaut ko; viņš vienkārši cenšas saprast ar mīlestību un labvēlību. Un tad viņa sirds siltums attiecībās liks atmaigt pat tiem, kuru sirdīs ir ļaunums.

Būt sirdsšķīstiem īpaši svarīgi ir tiem, kas māca un vada citus. Tādēļ, ka viņi ķersies pie savām miesīgām domām tādā mērā, kādā viņos ir ļaunums. Nemākot pareizi izprast situāciju, kurā atrodas viņu draudzes locekļi, viņi, attiecīgi nevarēs novirzīt viņus uz zāļainām ganībām un pie klusiem ūdeņiem. Mēs varam saņemt Svētā Gara vadību un atrast pareizo izeju draudzes locekļu problēmu risināšanā un palīdzēt viņiem izraudzīties vislabāko dzīves ceļu tikai tad, kad mēs – pilnībā sirdsšķīsti. Dievs atzīst par patiesi labvēlīgu un labu tikai to, kas pilnībā šķīsts. Dažādiem cilvēkiem dažādi standarti, pēc kuriem viņi spriež par to, kas skaitās labs un labvēlīgs cilvēks. Tomēr labestība un labvēlība ļaužu acīs un Dieva acīs – tās ir pilnīgi dažādas lietas.

### Dievs atzina Mozus labvēlību.

Bībelē mēs redzam, ka Mozus ieguva Dieva svētības tieši par savu labsirdīgo raksturu. Mēs varēsim saprast, cik svarīgi saņemt tādu atzinību, izlasot 12. nodaļu no ceturtās Mozus grāmatas. Vienreiz Mozus brālis Ārons un viņa māsa Mirjama sāka kritizēt Mozu par viņa sievu etiopieti.

„Un tie kurnēja: „Vai Tas Kungs tikai ar Mozu vien ir runājis? Vai Viņš nav arī ar mums runājis?" (4. Mozus 12:2).

Ko Dievs atbildēja uz šo paziņojumu?
„Vaigu pret vaigu Es ar to runāju un ne ar parādībām, ne ar mīklām, bet redzēdams viņš ir redzējis Tā Kunga vaigu; kādēļ jūs nebīstaties runāt pret manu kalpu Mozu?" (4. Mozus 12:8).

Ārons un Mirjama ar saviem nosodošajiem komentāriem izsauca Dieva dusmas, un no tā Mirjama pārklājās ar spitālību.

Ārons bija Mozus "mute", un Mirjama arī bija viena no kopienas līderiem. Domājot, ka Dievs mīl un atzīst viņus tāpat kā Mozu, un uzskatot, ka Mozus izdarījis kļūdu, viņi tūdaļ pat sāka viņu kritizēt.

Dievs nepieņēma Ārona un Mirjamas kritiku, kuri uzstājās pret Mozu, novērtējot viņu pēc Saviem Pašu standartiem. Kāds cilvēks bija Mozus? Dievs uzskatīja viņu par lēnprātīgāko no visiem cilvēkiem uz šīs zemes. Viņš bija tāpat uzticams visā Dieva namā un bija ar tādu uzticamību, ka Dievs runāja ar viņu vaigu vaigā.

Ja mēs paskatīsimies uz Izraēla tautas Iziešanu no Ēģiptes un viņu gājienu uz Kānaānas zemi, tad mēs varēsim saprast, kāpēc Dievs tik augstu vērtēja Mozu. Ļaudis, izgājušie no Ēģiptes, ne reizi vien sagrēkoja, ejot pret Dieva gribu. Viņi žēlojās pret Mozu un apvainoja viņu, saduroties pat ar nelielām grūtībām un tas bija tas pats, kā ja viņi izrādītu neapmierinātību ar Dievu. Un katru reizi, kad viņi žēlojās, Mozus lūdzās par Dieva apžēlošanu.

Bija gadījums, kad Mozus labestība un labvēlība parādījās īpaši redzami. Kad Mozus uzkāpa Sinaja kalnā, lai saņemtu Baušļus, tauta darināja sev elku – zelta teļu; viņi ēda – dzēra un nodevās jautrībai, pielūdzot elku. Izraēlieši darīja tāpat kā ēģiptieši, kuri pielūdza kā dievus vēršus un govis. Bet viņi, taču daudz reižu bija guvuši pārliecību par to, ka Dievs bija ar viņiem, bet pie tam viņi nemaz nemainījās. Beigu rezultātā, Dieva dusmas nonāca uz viņiem. Un tad Mozus sāka aizlūgt par viņiem, piedāvājot kā ķīlu savu paša dzīvību: „Bet nu piedod viņiem viņu grēkus; un ja ne, tad izdzēs mani no Savas grāmatas, ko Tu esi rakstījis," (2. Mozus

32-32).

„No Savas grāmatas, ko Tu esi rakstījis," – ar šiem vārdiem domāta Dzīvības Grāmata, kurā ierakstīti izglābto vārdi. Ja jūsu vārds izdzēsts no Dzīvības grāmatas, tad jūs nebūsiet izglābti. Runa iet ne tikai par to, ka cilvēks nesaņems glābšanu, bet vēl arī par to, ka viņš mūžīgi cietīs ellē. Mozus lieliski zināja par dzīvi pēc nāves, un tomēr viņš gribēja izglābt ļaudis, pat ja priekš tā viņam pašam nāksies zaudēt glābšanu. Mozus sirds bija analoģiska Dieva sirdij, Kurš grib, lai neviena dvēsele nepazustu.

### Mozus labsirdība izveidojās pārbaudījumos.

Protams, ka Mozus nebija ar tādu labsirdību jau burtiski no pašas dzimšanas. Lai arī viņš bija Jūds, viņu audzināja kā Ēģiptiešu princeses dēlu, un viņš neizjuta nekāda trūkuma. Viņš saņēma izglītību, kas bija pieejama augstākās kārtas ēģiptiešiem, apguva kaujas mākslas prasmes. Viņam bija raksturīga augstprātība un paštaisnība. Vienreiz, ieraudzījis, kā ēģiptietis sita Jūdu, un, paštaisnības mudināts, Mozus nosita ēģiptieti.

No tā viņš vienā naktī pārvērtās par bēgli. Pazaudējis visu, viņš ar Mediāmiešu priestera palīdzību kļuva par ganu tuksnesī. Priekš ēģiptieša ganīt aitas bija pavisam zema līmeņa nodarbošanās. Četrdesmit gadus viņam nācās darīt darbu, uz kādu viņš bija pieradis skatīties no augšas. Un starp citu, tieši tajā laikā viņš ieguva pilnīgu mieru sevī un daudz ko saprata par Dieva mīlestību un dzīvi.

Dievs aicināja kļūt par izraēliešu līderi nevis ēģiptiešu princi Mozu. Bet Dievs aicināja Mozu – ganu, kuram nācās daudz reižu savaldīt sevi, pat tajā momentā, kad viņu aicināja Dievs. Viņš kļuva pilnībā lēnprātīgs, attīrīja savu sirdi no grēkiem, izejot cauri pārbaudījumiem, un tādēļ viņš mācēja izvest vairāk kā 600. 000 cilvēku no Ēģiptes un aizvest tos sev līdzi uz Kānaānas zemi.

Lai mūsos izaugtu labprātība, ļoti svarīgi kultivēt sevī labo un mīlestību, esot Dieva priekšā lēnprātīgiem pārbaudījumos, caur kuriem mums lemts iziet. Mūsu lēnprātības pakāpe atstāj iespaidu tāpat arī uz mūsu spēju parādīt labprātību un laipnību. Bet, ja mēs esam apmierināti ar savu domāšanas līmeni, kurš izveidojies noteiktā pakāpē patiesības ietekmē, ja mēs esam pārliecināti, ka par to mūs cilvēki godā, kā tas bija gadījumā ar Āronu un Mirjamu, tad tas viss dara mūs tikai vēl augstprātīgākus.

## Labo darbu dāsnums pilnveido garīgo labvēlību.

Priekš tā, lai iegūtu tādu īpašību, kā garīgā labvēlība, mums ne tikai jākļūst sirdsšķīstiem, atmetot no sevis visas ļaunuma formas. Mums tāpat arī jākultivē sevī spēju būt dāsnam labos darbos. Labo darbu dāsnums – tas ir mācēt saprast un pieņemt cilvēkus, darīt darbus, kuri atbilst cilvēka aicinājumam; tas ir raksturs, kas spēj mīkstināt un nomierināt ļaužu sirdis, bet ne ar spēku, bet ar mācēšanu saprast un pieņemt tos tādus, kādi viņi ir. Tie, kam tas raksturīgs, var ar savu mīlestību radīt drošību apkārtējos, izraisīt to uzticību.

Labo darbu dāsnums līdzīgs apģērbam, kuru nēsā cilvēki. Lai, cik brīnišķīgas būtu mūsu iekšējās īpašības, kuras mums ir, bet ja mēs parādīsimies kaili cilvēkos, uz mums skatīsies visi ar neizpratni. Tāpat arī ar labvēlību: lai kādi labsirdīgi mēs nebūtu, mēs nespēsim nodemonstrēt patieso labvēlības vērtību, ja nebūsim dāsni labos darbos. Ņemsim tādu piemēru: cilvēks ir ar iekšēju labvēlību, bet, saskarsmē ar citiem, viņš runā ļoti daudz nevajadzīgu lietu. Kaut arī viņš to dara bez ļauna nodoma, tomēr, tādēļ viņam neizdosies iemantot citu uzticēšanos, tādēļ ka viņš nerada labi audzināta un izglītota cilvēka iespaidu. Esot labestīgi, daži cilvēki neizjūt naidīgas jūtas pret citiem, nedara tiem sliktu. Tomēr, ja viņi pie tam neizrāda aktīvu palīdzību tuvākajiem, nerūpējas par viņiem ar maigumu, tiem būs grūti iekarot cilvēku sirdis.

Ziedi bez spilgtām krāsām un patīkama aromāta nepievelk pie sevis bites un tauriņus, lai arī cik daudz nektāra tajos nebūtu. To pašu var pateikt arī par labsirdīgiem cilvēkiem, pat ja to sit pa vienu vaigu un viņi pagriež otru, tomēr, viņu labsirdība neizliesies kā gaisma uz citiem, ja savos vārdos un darbos viņi nebūs dāsni labdarībā.

Ar tādu labo darbu dāsnumu bija Jāzeps. Viņš bija vienpadsmitais Jēkaba dēls, kurš bija visa Izraēla tēvs. Viņš bija savu brāļu ienīsts, un tie pārdeva viņu jaunībā verdzībā uz Ēģipti. Taču ar Dieva palīdzību viņš kļuva par Ēģiptes premjerministru trīsdesmit gadu vecumā. Ēģipte tajā laikā bija varena valsts, kas bija izvietota Nīlas upes ielejā. Ēģipte bija viena no četriem „civilizācijas šūpuļiem". Valdnieki un tauta bija ļoti lepni ar sevi, un

Jāzepam, kā sveštautietim, nebija tik vienkārši kļūt par premjerministru. Ja viņš pielaistu kaut mazāko kļūdu, viņam nāktos nekavējoši atkāpties.

Bet pat tādā situācijā Jāzeps ļoti labi un gudri pārvaldīja Ēģipti. Viņš bija labvēlīgs un pazemīgs, nepieļāva nekādu nolaidību ne vārdos, ne darbos. Viņš bija apveltīts ar varu, kura atpalika tikai no faraona varas, tomēr viņš necentās dominēt pār cilvēkiem vai paaugstināt sevi. Viņš bija stingrs pret sevi, bet ļoti dāsns un delikāts pret citiem. Tādēļ faraonam un viņa ministriem nevajadzēja kaut ko slēpt no viņa, būt piesardzīgiem attiecībās ar viņu un apskaust viņu, un viņi tam pilnībā uzticējās. Mēs varam nonākt pie tāda secinājuma, ņemot vērā to faktu, ka ēģiptieši labvēlīgi pieņēma Jāzepa ģimenes locekļus, kuri atbrauca no Kānaānas uz Ēģipti, glābjoties no bada.

**Jāzepa labvēlību un laipnību pavadīja dāsni labi darbi.**

Ja cilvēks labdarībā augstsirdīgs, tad tas nozīmē, ka viņam ir plaša sirds un viņš nenosodīs un netiesās apkārtējos, balstoties uz saviem standartiem, pat ja viņš pareizs savos darbos un rīcībā. Šī Jāzepa īpašība īpaši atklājās tad, kad viņa brāļi, kuri pārdeva viņu verdzībā, atnāca uz Ēģipti, lai pirktu ēdienu.

Iesākumā brāļi nepazina Jāzepu. Un tas saprotams, jo viņi to nebija redzējuši vairāk kā divdesmit gadus. Bez tam viņi, protams, ka nespēja pat iedomāties, ka Jāzeps kļuvis par Ēģiptes premjerministru. Bet ko sajuta Jāzeps, ieraugot savus brāļus, kuri viņu gribēja nogalināt, bet vēlāk tomēr pārdeva uz Ēģipti verdzībā? Viņa varā bija likt viņiem samaksāt par savu grēku. Taču Jāzeps negatavojās atriebties viņiem. Slēpjot to, kas viņš bija īstenībā, Jāzeps tos pārbaudīja vairākas reizes, lai pārliecinātos, ka viņu sirdis nav palikušas tādas pat, kādas bija iepriekš.

Īstenībā, Jāzeps deva viņiem iespēju pašiem atzīties un nožēlot savus grēkus Dieva priekšā, tādēļ, ka viņi gribot to noslepkavot, pārdeva savu brāli verdzībā uz citu valsti, bet tas jau nav sīks pārkāpums. Bet arī nevēloties vienkārši tāpat, neko nesakot, piedot vai sodīt tos, viņš novirzīja situāciju tādā gultnē, lai viņa brāļi paši izsūdzētu un nožēlotu savus grēkus. Un pēc tam, kad brāļi apzinoties savu vainu, atzinās un nožēloja izdarīto, Jāzeps viņiem pateica, kas viņš ir.

Un brāļi no viņa nobijās. Viņu dzīvība bija Jāzepa rokās, kurš bija kļuvis Ēģiptes premjerministrs, tā laika perioda spēcīgākajā valstī uz zemes. Taču Jāzepam pat nebija tādas domas, lai jautātu viņiem par to, kādēļ tie tā izrīkojās ar viņu. Viņš nedraudēja tiem, sakot: "lūk, tagad jūs samaksāsiet par saviem grēkiem." Tieši otrādi, viņš centās tos nomierināt, lai viņos būtu drošība. "Un nu – neesiet drūmi un nedusmojieties uz sevi par to, ka pārdevāt mani uz šejieni, jo Dievs mani ir sūtījis jums pa priekšu, lai mēs izdzīvotu!" (1. Mozus 45:5).

Viņš atzina to faktu, ka viss noticis pēc Dieva plāna. Viņš nevis vienkārši patiesi piedeva saviem brāļiem, viņš arī mierināja tos aizkustinošiem vārdiem, pilnībā viņus saprotot. Tas nozīmē, ka Jāzeps izturējās tā, ka varēja aizkustināt pat ienaidniekus, un tas arī ir labo darbu dāsnuma parādīšana. Jāzepa labvēlība, pavadīta ar dāsniem labiem darbiem, kļuva par spēka avotu, kas veicināja daudzu dzīvību glābšanu visā Ēģiptē un apbrīnojamā Dieva plāna izpildīšanos. Kā jau bija teikts, labo darbu dāsnums – tā ir ārēja iekšējās laipnības un labvēlības izpausme, un ar to var iekarot daudzas sirdis un parādīt varenu spēku.

## Lai kļūtu dāsns labos darbos, jābūt sirdsšķīstam.

Tāpat kā caur svēttapšanu tiek iegūta tāda iekšēja īpašība kā žēlsirdība, labo darbu dāsnumu var sevī uzaudzēt tikai attīroties no ļaunuma un kļūstot sirdsšķīstiem. Protams, pat nesvēts cilvēks kaut kādā pakāpē spējīgs darīt labus darbus, un būt dāsns devējs, atkarībā no savas audzināšanas vai sirds plašuma ar kuru viņš piedzimis. Tomēr patiess labo darbu dāsnums var nākt tikai no sirds, kas brīva no ļaunuma, kura paklausīga tikai patiesībai. Ja mēs gribam būt labdarīgi pilnā mērā, tad ir par maz vienīgi atbrīvot sirdi no ļaunuma saknēm. Mums jāiznīcina tajā visas ļaunuma pēdas.

Mateja Evaņģēlijā 5:48, teikts: „Tāpēc esiet pilnīgi, kā jūsu Debesu Tēvs ir pilnīgs." Kad mēs attīrām savu sirdi no visāda ļaunuma un kļūstam nevainojami vārdos, darbos un uzvedībā, tad mēs varam uzaudzēt sevī tādu žēlsirdību, ka daudzi ļaudis varēs atrast pie mums mierinājumu. Tādēļ sasniedzot noteiktu līmeni, kad mēs beidzot esam attīrījušies no tādiem grēkiem, kā ienaids, skaudība, greizsirdība, augstprātība, ātra daba, mums nav jāsamierinās ar sasniegto. Mums jānovērš pat mazākie grēki savā uzvedībā un ar Dieva Vārda palīdzību, karstām lūgšanām un Svētā

Gara vadību jādara darbi, kuri atbilst patiesībai.

Par kādām nepilnībām miesīgajā uzvedībā tiek runāts? Vēstulē Romiešiem 8:13, teikts: „Jo, ja jūs pēc miesas dzīvojat, tad jums jāmirst. Bet, ja jūs gara spēkā darāt galu miesas darbiem, tad jūs dzīvosiet."

Ar „miesu" šeit domāta ne mūsu fiziskā miesa. Miesa garīgā izpratnē,- tas ir cilvēka ķermenis, pēc tam, kad tajā nav palikusi patiesība. Tādēļ miesas darbi – tie ir nepatiesības darbi, ko dara cilvēki, kas pārvērtušies par miesu. Pie miesas darbiem attiecas ne tikai atklātie grēki, bet tāpat arī jebkura nepilnība uzvedībā un darbos.

Pagātnē es piedzīvoju kaut ko neparastu. Kad es pieskāros pie jebkāda objekta, man iesita ar strāvu, un es neviļus atrāvu roku. Es burtiski baidījos pie kaut kā pieskarties. Bet, ja man tomēr vajadzēja kaut kam pieskarties, tad es protams vērsos lūgšanā pie Kunga. Ja es pieskāros priekšmetam ar piesardzību, tad tamlīdzīgas sajūtas man neradās. Kad es vēru vaļā durvis, tad man bija akurāti jāpietur durvju rokturis. Man vajadzēja tāpat būt ļoti uzmanīgam paspiežot roku draudzes locekļiem. Šī neparastā parādība turpinājās vairāku mēnešu garumā, un visas manas kustības negribot kļuva ļoti piesardzīgas un delikātas. Vēlāk es sapratu, ka Dievs caur šo pieredzi padarīja visas mana ķermeņa kustības pilnvērtīgākas.

Lai arī cik triviāli tas neizklausītos, bet tomēr tas ir ļoti svarīgi, kā cilvēks izturas. Daži aiz paraduma pieskaras citiem cilvēkiem, kad smejas vai kad runā ar cilvēkiem, kuri stāv viņiem blakus. Daži skaļi runā nepievēršot vērību laikam, vai vietai, kur viņi atrodas, un tam, ka viņi rada citiem neērtības. Lai arī tādu uzvedību nevar nosaukt par nopietnu nepilnību, tomēr, viss tas – miesīgas uzvedības nepilnību izpausme. Labos darbos dāsni cilvēki savā ikdienas dzīvē uzvedas cienījami, un viņu klātbūtne daudziem atnes mieru.

## Mainīt sirds īpašības.

Tālāk, lai iegūtu labo darbu dāsnumu, mums jāpilnveido savas sirds īpašības. Sirds īpašības norāda uz tās lielumu. Atkarībā no cilvēka sirds īpašībām, vieni no viņiem dara vairāk, kā no tiem sagaida, tad kad citi izpilda tikai to, kas tiem uzdots, vai pat mazāk par to. Cilvēkam, kurš atšķiras ar labo darbu dāsnumu, sirds - ir liela un plaša, tādēļ viņu satrauc ne tikai personīgās problēmas: viņš var tāpat parūpēties arī par citiem cilvēkiem.

Vēstulē Filipiešiem 2:4, teikts: „Neraudzīsimies tikai katrs uz savām, bet arī uz citu vajadzībām." Šī sirds īpašība var mainīties atkarībā no tā, cik plašu sirdi mēs parādām katrā situācijā, tādēļ pieliekot pastāvīgu piepūli, mēs varam to izmainīt. Ja mēs esam nepacietīgi un pie visa pieejam, ņemot vērā tikai personīgās intereses, tad mums jālūdzas par to, lai mūsu nodomu robežas mainītos un iegūtu plašāku amplitūdu, lai mēs varētu, pirmkārt, rūpēties par citu cilvēku interesēm un ņemt vērā viņu problēmas.

Līdz tam, kā Jāzeps bija pārdots uz Ēģipti, viņu audzināja kā siltumnīcas puķi. Viņš nenodarbojās ar mājas darbiem, viņš nespēja ne saprast brāļu sirdis, kurus tēvs nemīlēja, ne novērtēt to stāvokli, kādā viņi atradās. Izejot caur dažādiem pārbaudījumiem, viņš ieguva sirdi, kas spējīga pārvaldīt un sekot katram stūrītim viņam uzticētajos īpašumos, ņemt vērā citu ļaužu siržu vēlmes.

Dievs paplašināja Jāzepa sirdi, gatavojot viņu tam laikam, kad viņš kļūs Ēģiptes premjerministrs. Ja arī mūsu sirds iegūs tādas pat, kā viņam īpašības, būs laipna un bezvainīga, tad mēs varēsim pārvaldīt jebkuru lielu organizāciju. Ar tādiem labiem darbiem jābūt apveltītam katram līderim.

### Svētības priekš lēnprātīgajiem.

Kādas svētības būs dotas tiem, kas sasniegs pilnību žēlsirdībā, izmetot no savas sirds ļaunumu un parādot labdarības dāsnumu? Mateja Evaņģēlijā 5:5 rakstīts: „Svētīgi lēnprātīgie, jo tie iemantos zemi." Bet Psalmos 37:11, mēs lasām: „Bet lēnprātīgie iemantos zemi un baudīs mieru papilnam," tas ir, viņi kļūs zemes mantinieki. „Zeme," šajā situācijā, simbolizē mājas vietu Debesu Valstībā, bet „iemantos zemi"- nozīmē nākotnē baudīs diženumu Debesīs.

Kāpēc tieši viņi baudīs diženumu debesīs? Labvēlīgie cilvēki ar Dieva Tēva sirdi stiprina citu ļaužu dvēseles un mīkstina viņu sirdis. Jo lēnprātīgāks kļūst cilvēks, jo vairāk dvēseļu viņā atrodot norimšanu un gūstot mierinājumu, iegūs glābšanu. Ja mums izdevies kļūt par brīnišķīgiem cilvēkiem, pie kuriem daudzas dvēseles atradušas mieru un norimšanu, tad tas kļūst par rādītāju tam, kā mēs esam kalpojuši cilvēkiem. Mateja Evaņģēlijā 23:11

teikts: „Bet lielākais jūsu starpā, lai ir jūsu kalps."

Lēnprātīgs cilvēks attiecīgi varēs baudīt diženumu un mantot plašus zemes īpašumus atnākot uz Debesīm. Pat uz šīs zemes aiz tiem, kam ir vara, pārticība, popularitāte un autoritāte seko daudzi cilvēki. Taču, ja viņi zaudēs visu, kas tiem bijis, zaudēs varu un autoritāti, vai vairākums ļaužu, kuri iepriekš sekoja viņiem, tos neatstās? Garīgā autoritāte, kura tiek dota labvēlīgiem cilvēkiem, atšķiras no pasaulīgās. Tā nezūd un nemainās. Uz šīs zemes, ja dvēsele gūst sekmes, tad cilvēks ir vesels un gūst panākumus visā. Un pie tam vēl Debesīs viņš būs Dieva mīlēts un daudzu dvēseļu cienīts mūžīgi.

## 3. Mīlestība neskauž

Daži labi studenti, nepareizi atbildējuši uz jautājumiem eksāmenā, cenšas papildināt robus zināšanās, izlasot vajadzīgo sadaļu un izdarot atzīmes savos pierakstos. Viņi analizē kļūdas un pirms iet tālāk, rūpīgi izmācās jautājumus, uz kuriem devuši nepareizas atbildes. Viņi apgalvo, ka tā ir pati efektīvākā metode, lai īsā laikā apgūtu zināšanas priekšmetā, kurš tiem īpaši grūti padodas. Šo pašu metodiku var pielietot, lai izkoptu garīgo mīlestību. Ja mēs detalizēti izpētām savu rīcību un vārdus, pakāpeniski atbrīvojamies no saviem trūkumiem, tad varēsim īsākā laikā iegūt garīgo mīlestību. Tagad paskatīsimies uz nākošo garīgās mīlestības raksturojumu – „mīlestība neskauž."

Skaudība rodas, kad rūgtums no tā, ka jūtamies nelaimīgi un greizsirdības jūtas pieaug, un tad notiek ļauni darbi pret citiem cilvēkiem. Ja mūsos ir skaudības un greizsirdības jūtas, tad mēs spēsim just naidīgumu pret cilvēku, redzot, ka pret viņu ir liela cilvēku labvēlība un simpātijas. Mūsu skaudību var izsaukt tas fakts, ka kāds ir gudrāks, bagātāks un veiksmīgāks par mums, ka kāds no mūsu darbiniekiem vairāk sasniedzis un ir ar autoritāti daudziem cilvēkiem. Reizēm mēs varam tik ļoti kādu sākt neieredzēt, ka mums sagribēsies jebkādā veidā viņu apmānīt un pazemot.

Bet no citas puses, padomājot: „Lūk, viņš ir ar tādām apkārtējo simpātijām, bet ko es?" - mēs varam sajust arī vilšanos. Citādi runājot, salīdzinot sevi ar citiem, mēs neizbēgami sajutīsim grūtsirdību. Daži no mums var padomāt, ka vilšanās sajūta – tā tomēr nav skaudība. Taču mīlestība priecājas par patiesību. Tas ir, ja mēs esam piepildīti ar patiesu mīlestību, tad mēs priecāsimies par cita cilvēka panākumiem. Mēs skumstam un pārmetam sev, nepriecājamies par patiesību, tādēļ ka mūsu ego vai mūsu personīgais „es", vēl arvien dzīvs. Un tā kā mūsu personīgais „es" vēl aizvien dzīvs, tad mūsu lepnums būs aizskarts, kā tikai mēs salīdzinot sevi ar citiem, sajutīsim sevi mazāk nozīmīgu.

Skaudīga domāšana, pieaugot, izšļakstās ārpusē ļaunu vārdu un darbu veidā. Par tādu skaudību arī iet runa šajā Nodaļā par mīlestību. Ja skaudība pieņems vēl nopietnākas formas, tad skauģis spējīgs pat uz slepkavību. Skaudība – tā ir ļaunuma un netīrumu izpausme, ar kuriem piepildīta mūsu sirds. Skaudīgiem ļaudīm grūti saņemt glābšanu. Skaudība – tie ir miesas darbi, kuri ir atklāti un redzami. Un šīs skaudības izpausmes var iedalīt vairākos kritērijos.

## Skaudība romantiskās attiecībās.

Skaudība provocē cilvēku rīkoties, kad viņš grib saņemt no apkārtējiem vairāk mīlestības vai uzmanības nekā tie viņam dod. Piemēram, abas Jēkaba sievas Lea un Rāhele, apskauda cita citu, cenšoties panākt īpašu Jēkaba labvēlību. Lea un Rāhele bija māsas – Lābana - Jēkaba tēvoča meitas.

Jēkabs apprecējās ar Leu pret savu gribu un sava tēvoča Lābana krāpšanās rezultātā. Īstenībā Jēkabs bija iemīlējies Leas jaunākajā māsā Rāhelē. Bet Rāhele bija viņam atdota par sievu vien pēc 14 kalpošanas gadiem tēvocim. No paša sākuma Jēkabs mīlēja Rāheli vairāk par Leu. Taču Lea dzemdēja viņam četrus bērnus, bet Rāhele – pagaidām vēl nevienu.

Tajos laikos būt bez bērniem skaitījās priekš sievietes apkaunojums, tādēļ Rāhele pastāvīgi apskauda savu māsu Leu. Skaudība tik ļoti darīja aklu, ka viņa sāka mocīt savu vīru Jēkabu, sakot viņam: „Gādā man bērnus, ja ne, es miršu," (1. Mozus 30:1).

Un abas sievietes, Rāhele un Lea, deva Jēkabam savas kalpones par mīļākajām, lai izpelnītos lielāku vīra mīlestību. Ja viņu sirdīs būtu kaut drusciņa patiesas mīlestības, tad viņas priecātos, redzot vīra labklājību ar citu. Skaudība padarīja nelaimīgus viņus visus: gan Leu, gan Rāheli, gan Jēkabu. Bez tam, tas atspoguļojās arī uz viņu bērniem.

## Skaudība situācijā, kad citi vairāk veiksmīgi.

Skaudība var izpausties cilvēka dzīvē dažādi, atkarībā no tā, kas viņam dārgs. Bet, kā likums, mēs sākam apskaust tos, kas bagātāki par mums, kas vairāk zina un prot, kam vairāk apkārtējo cieņas un mīlestības. Nereti mēs sākam skaust skolā, darbā vai pat mājās tos, kam darbos veicas labāk nekā mums. Mēs neieredzam un apmelojam tos, kas vairāk sasnieguši un veiksmīgāki dzīvē. Mums liekas, ka pazemojot citus, mēs varēsim sasniegt lielāku labklājību un apkārtējo labvēlīgāku attieksmi.

Daži ļaudis, piemēram, cenšas atzīmēt savu līdzstrādnieku kļūdas un trūkumus, izraisot pret viņiem aizdomas un paaugstinātu kontroli, no vadītāju puses; un viss tāpēc, ka tādā veidā viņi grib izvirzīties karjerā. Studējošā jaunatne arī nav izņēmums. Daži studējošie ņirgājas un izsmej tos, kas gūst labākas sekmes mācībās un iemantojuši skolotāju labvēlību. Mājās var ieraudzīt, kā māsas un brāļi aprunā cits citu, lai tikai panāktu vecāku labvēlību.

Tā bija arī gadījumā ar Kainu – pirmo slepkavu cilvēces vēsturē. Dievs pieņēma tikai Ābela upurpienesumu. Un Kains sajutās aizvainots; viņā iedegās skaudība, greizsirdība, kuras rezultātā, beigās arī pagrūda viņu uz Ābela slepkavību. Viņš, noteikti, daudz reižu bija dzirdējis no saviem vecākiem, Ādama un Ievas, par to, ka upurēšanai jānotiek ar dzīvnieku asiņu izliešanu, viņš lieliski par to zināja. „Un gandrīz viss tiek šķīstīts asinīs saskaņā ar bauslību, un bez asins izliešanas nav piedošanas," (Vēst. Ebrejiem 9:22).

Un tomēr, viņš pienesa Dievam dāvinājumā no zemes augļiem, kurus bija izaudzējis. Pretstatā tam, Ābels pienesa dāvinājumā Dievam no sava ganāmpulka pirmdzimto, sekojot Dieva gribai. Kāds var pateikt, ka Ābelam nebija jau tik grūti pienest upurēšanai jēru, jo viņš bija avju gans. Bet runa nemaz nav par to. Ābels, uzzinājis par Dieva gribu no saviem vecākiem, gribēja to izpildīt. Tādēļ Dievs pieņēma Ābela upuri. Bet Kains tā vietā, lai saprastu savu kļūdu, sāka apskaust brāli. Pēc tā, kad viņā iedegās skaudības uguns, to jau vairs nevarēja nodzēst. Rezultātā Kains nogalināja Ābelu. Un cik sāpju tas atnesa Ādamam un Ievai!

## Skaudība starp brāļiem un māsām.

Daži ticīgie apskauž tos brāļus un māsas ticībā, kas draudzē ieņem augstāku pozīciju, apsteidz tos ticības izaugsmē, uzticīgi kalpo Dievam. Tas īpaši raksturīgs ļaudīm vienādā vecumā, stāvoklī, pēc ticības stāža, un tāpat tuviem paziņām.

Spriežot pēc tā, ka Mateja Evaņģēlijā 19:30, teikts, ka „daudzi, kas bija pirmie, būs pēdējie, un, kas bija pēdējie, būs pirmie," reizēm tie, kas sākuši ticēt vēlāk par mums, vai kas gados jaunāki, var izrādīties mums priekšā. Tas var atmodināt mūsos skaudību. Tamlīdzīga skaudība eksistē ne tikai starp vienas draudzes ticīgajiem. Tā var parādīties starp mācītājiem un draudzes locekļiem, starp draudzēm un pat starp dažādām kristīgām organizācijām. Varētu šķist, kad cilvēks dod Dievam slavu, tad visiem kopā būtu par to jāpriecājas, taču praksē mēs redzam, ka pār viņu lejas apmelojumi, apvainojumi tajā ka viņš ir sektants; tiek pieliktas pūles, lai nomelnotu cilvēka vārdu vai organizāciju, kuru viņš pārstāv. Ko izjūt vecāki, kad viņu bērni strīdas un neieredz cits citu? Pat, ja bērni pirks vecākiem labas lietas, ēdienu, tas vienalga nedarīs vecākus laimīgus. Ja ticīgie, kuri arī ir tādi pat bērni priekš Dieva, strīdas un naidojas cits ar citu, apskauž cits citu, tad tas ļoti apbēdina mūsu Kungu.

## Saula skaudība pret Dāvidu.

Sauls bija pirmais Izraēla ķēniņš. Viņš apskauda Dāvidu visu savu dzīvi. Priekš Saula Dāvids bija žilbinošu veiksmi sasniedzis karotājs, kas izglāba visu valsti. Kad Goliāta, Filistiešu spēkavīra, iebiedēšana apslāpēja karavīru cīņas drosmi, Dāvids mērķtiecīgi skrēja pretim Filistietim, un metot uz viņu akmeni no lingas, to nogalināja. Šī Dāvida rīcība atnesa Izraēlam uzvaru. No tā laika Dāvids ieguva daudz varonīgu uzvaru, aizsargājot valsti no Filistiešu uzbrukumiem. Un tieši tad attiecībās starp Saulu un Dāvidu radās problēmas. Sauls sadzirdējis kaut ko, kas viņam nepatika pūļa saucienos, kas sveica Dāvidu, kurš atgriezās ar uzvaru no kaujas lauka: „Sauls ir nositis tūkstošus, bet Dāvids desmitiem tūkstošu!" (1. Samuēla 18:7).

Sauls ļoti apvainojās un nodomāja: „Kā viņi var salīdzināt mani ar Dāvidu? Viņš – ir nekas cits, kā gans!"

Jo vairāk Sauls domāja par šiem izsaucieniem, jo vairāk pieauga viņa niknums. Uzskatot, ka ļaudis nepelnīti slavēja Dāvidu, viņš sāka ar aizdomām izturēties pret visiem viņa darbiem. Sauls, redzams, domāja, ka Dāvids dara visu, lai iekarotu ļaužu sirdis. Tādēļ Saula naida bulta bija novirzīta uz Dāvidu. Viņš padomāja, ka, ja Dāvids, jau iekarojis ļaužu sirdis, tad dumpis – tas vienīgi laika jautājums!

Tā kā šīs domas viņu pārpildīja, Sauls sāka meklēt iemeslu nogalināt Dāvidu. Vienreiz Saulu mocīja ļauns gars, bet Dāvids šajā laikā spēlēja viņam uz stīgu instrumenta. Un Sauls, izmantojot iespēju, meta viņam ar šķēpu. Par laimi, Dāvids izvairījās no tā. Bet Sauls neatteicās no sava nodoma nogalināt Dāvidu. Viņš pastāvīgi vajāja Dāvidu kopā ar savu karaspēku.

Neskatoties uz to, Dāvidam nebija vēlēšanās darīt ko sliktu

Saulam, kurš bija ķēniņš, Dieva izredzēts, un ķēniņš Sauls zināja par Dāvida jūtām. Taču skaudības uguns, kas bija viņā iedegusies, nerimās. Sauls visu laiku cieta no satrauktām domām, ko izraisīja skaudība. Līdz pat pēdējai dienai, kamēr Sauls nebija nogalināts kaujā ar Filistiešiem, skaudība pret Dāvidu nedeva viņam mieru.

## Tie, kas apskauda Mozu.

Ceturtajā Mozus grāmatā, 16. nodaļā, mēs lasām par Korahu, Datanu un Abirāmu. Korahs bija levits, bet Datans un Abirāms bija no Rūbena cilts. Viņos bija aizvainojums pret Mozu un viņa brāli un palīgu Āronu. Viņi bija sašutuši par to, ka Mozus bija Ēģiptiešu princis, bet pēc tam trimdinieks un avju gans Midiānas tuksnesī, un lūk, tagad viņš tos vada. Īstenībā viņi paši gribēja būt līderi. Tādēļ viņi organizēja kontaktus ar cilvēkiem, lai tie pievienotos viņu grupai.

Korahs, Datans un Abirāms sapulcēja 250 cilvēkus, kuri bija gatavi viņiem sekot, cerot, ka tagad viņi varēs sagrābt varu. Tie gāja pie Mozus un Ārona un sāka strīdēties ar viņiem. Viņi paziņoja: „Lai nu jums pietiek! Visa draudze tagad ir svēta, jo pats Tas KUNGS ir viņas vidū; kādēļ tad jūs vēl gribat valdīt pār Tā KUNGA draudzi?" (4. Mozus 16:3).

Bet neskatoties uz to, ka viņi zaudēja savaldību cīnoties pret Mozu, viņš neko viņiem neatbildēja. Bet, tikai nometās ceļos Dieva priekšā, lai lūgtos un dotu viņiem iespēju saprast savu vainu, lūdzot Dievu par Viņa tiesu. Un Dievs sadusmojās uz Korahu, Datanu un Abirāmu un tiem, kas bija ar viņiem. Zeme atvērās un aprija Korahu, Datanu un Abirāmu kopā ar viņu sievām un dēliem un viņu mazajiem bērniem, un viņi dzīvi nonāca ellē. Un nonāca uguns no KUNGA un aprija divsimt piecdesmit vīrus kopā ar viņu kvēpināmiem traukiem, kuros bija kvēpināmās zāles.

Mozus nedarīja ļaudīm nekādu ļaunumu. Viņš darīja visu iespējamo, lai vestu aiz sevis tautu. Viņš pierādīja, ka Dievs bija ar viņiem, parādot zīmes un brīnumus. Ēģiptē viņš parādīja tiem Desmit sodus; viņš izveda tos pa sausumu caur Sarkano jūru, kuras ūdeņi viņu priekšā atkāpās; viņš dabūja viņiem ūdeni no klints un deva tiem mannu ēšanai un paipalas tuksnesī. Un pat pēc tā viņi kurnēja uz Mozu, ka viņš paaugstinās pār tiem.

Dievs pieļāva, lai ļaudis ierauga, ka apskaust Mozu – tas ir liels grēks. Tiesāt un apsūdzēt cilvēku, pret kuru Dievs ir labvēlīgs, - tas ir tas pats, kas tiesāt un nosodīt Pašu Dievu. Tādēļ mums nav vieglprātīgi jākritizē draudzes vai organizācijas, kuras darbojas Kunga vārdā, sakot, ka tās maldās, ka viņi sektanti. Tā kā mēs visi esam brāļi un māsas Dievā, tad apskaust citam citu – nozīmē darīt lielāko grēku Dieva priekšā.

### Skaudība pret nederīgām lietām.

Vai gan skaudība palīdz mums saņemt to, ko mums gribās? Nekādi nē! Mēs varam nostādīt cilvēkus apgrūtinošā situācijā, un mums pat var likties, ka mēs jau apsteidzam tos, taču vienalga mums nesasniegt visu to, ko mums gribas. Jēkaba vēstulē 4:2, teikts: „Jūs iekārojat, un jums nav; jūs slepkavojat un skaužat un nevarat iegūt; jūs cīnāties un karojat. Jums nav, tāpēc ka jūs nelūdzat Dievu."

Tā vietā, lai apskaustu, labāk ņemt vērā to, kas rakstīts Ījaba grāmatā (4:8): „Tik tālu, cik es redzu, tie, kas nelaimei vagu dzinuši un, kas varas darbus sējuši, tie tos dabūjuši arī pļaut." Tas ļaunums, kuru jūs esat darījuši, kā bumerangs atgriezīsies pie jums.

Kā atmaksa par jūsu sēto ļaunumu var kļūt nelaimes, kuras nāks pār jums ģimenē vai darbā. Sakāmvārdos 14:30, teikts: „Laba un mierīga sirds ir miesas dzīvība, bet ātrs un kaislīgs prāts ir kā puveši kaulos," tā ka apskaust - nozīmē darīt sev sliktu. Tad kāda gan tam jēga?! Tādēļ, ja jūs gribat kādā nebūt veidā apsteigt citus, lūdziet par to Dievu, Kurš kontrolē visu, bet netērējiet savu enerģiju uz skaudīgiem nodomiem un darbiem.

Protams, ka jūs nevarēsiet saņemt visu, par ko lūdzat. Jēkaba vēstulē 4:3, teikts: „Jūs lūdzat un nedabūjat, tāpēc ka ar ļaunām sirdīm lūdzat, lai to šķiestu savām kārībām." Jūs nevarēsiet saņemt to, ko lūdzat priekš personīgām iegribām, tādēļ ka tas ir pretīgi Dievam. Un, starp citu, ļoti bieži, cilvēki prasa tieši ejot savas iekāres pavadā. Viņi prasa bagātību, slavu un varu, lai apmierinātu savu lepnību un nodrošinātu savu komfortu. Savā kalpošanā es esmu sastapies ar tādiem faktiem un tie mani ļoti apbēdina. Īsta un patiesa svētība ir, kad cilvēka dvēsele gūst panākumus, bet ne bagātība, ne slava un ne vara.

Lai arī kas jums nepiederētu, lai arī kas nedotu jums apmierinājumu, kāds no tā visa labums, ja jūs nesaņemsiet glābšanu? Mums jāatceras, ka viss, kas ir uz šīs zemes, izgaisīs kā tvaiks. 1. Jāņa vēstulē 2:17, teikts: „Pasaule iznīks un viņas kārība, bet, kas dara Dieva prātu, paliks mūžīgi," bet Salamans mācītājs 12:8, teiks: „Ak, niecība!" saka mācītājs: „Viss ir niecība!"

Es ceru, ka jūs neapskaudīsiet savus brāļus un māsas, ķeroties pie bezvērtīgām šīs pasaules lietām, bet iegūsiet sirdi, kas cienīga Dieva acīs. Tad Dievs atbildēs uz jūsu sirds vēlmēm un dos jums mūžīgo Debesu Valstību.

## Skaudība un garīgās vēlmes.

Ļaudis tic Dievam un tajā pašā laikā apskauž, tādēļ ka viņos maz ticības un mīlestības. Ja jūs nepietiekami mīlat Dievu un maz ticat Debesu Valstībai, tad jūs apskaudīsiet, alkstot bagātību, slavu un varu šajā pasaulē. Ja jūs līdz galam ticat tam, ka jums ir Dieva bērnu tiesības un Debesu pilsonība, tad brāļi un māsas Kristū būs jums dārgāki, nekā jūsu pasaulīgā ģimene. Jo jūs ticat tam, ka dzīvosiet ar viņiem mūžīgi Debesīs.

Bet arī neticīgie, kas nav pieņēmuši Jēzu Kristu būs mums dārgi, jo mums jāaizved viņus uz Debesu Valstību. Ar ticību kultivējot sevī patiesu mīlestību, mēs mīlēsim tuvākos, kā paši sevi. Šajā gadījumā citu panākumi iepriecinās mūs tāpat, kā personīgie. Tie, kuros ir patiesa mīlestība neaizrausies ar bezjēdzīgām pasaules lietām, bet pacentīsies parādīt centību darbā priekš Kunga, lai ar spēku ņemtu Debesu Valstību. Citiem vārdiem, viņu vēlmes būs garīgas.

„Bet no Jāņa Kristītāja laika līdz mūsu dienām Debesu Valstībā laužas iekšā un tīkotāji ar varu cenšas to sagrābt," (Mateja 11:12).

Garīgās vēlmes, protams, ka atšķiras no skaudības. Vēlēšanās darīt darbu Kungam ar entuziasmu un uzticību ļoti svarīga. Tomēr nedrīkst pieļaut, lai šī degsme pārsniegtu robežas, attālinātos no īstenības vai kļūtu par piedauzību priekš citiem. Degot savā darbā priekš Kunga, mums jāņem vērā mūsu apkārtējo cilvēku vajadzības, jādomā par viņu interesēm un jātiecas pēc miera ar visiem.

## 4. Mīlestība nav augstprātīga

Ir cilvēki, kuri vienmēr ar kaut ko lielās, runājot par sevi. Viņus nesatrauc, ko pie tā jūt citi cilvēki. Viņi lielās ar to, kas viņiem ir, tiecoties izpelnīties apkārtējo atzinību. Jāzeps kādreiz ar lepnumu izstāstīja saviem brāļiem par to, kādu sapni viņš nosapņojis. Un tas piespieda brāļus viņu sākt neieredzēt. Esot savam tēvam pats mīļākais dēls, viņš nesaprata, kā pie tam jūtas viņa brāļi. Vēlāk viņš bija pārdots verdzībā uz Ēģipti un izgāja caur daudziem pārbaudījumiem, lai rezultātā uzaudzētu sevī garīgo mīlestību. Ja cilvēki vēl nav izveidojuši sevī garīgo mīlestību, tad notiek tā, ka viņi izjauc mieru ar to, ka kļūst lepni un paaugstina sevi. Lūk, kāpēc Dievs saka: „Mīlestība nav uzpūtīga."

Uzpūsties, citādi sakot, nozīmē izlikt apskatei savus sasniegumus. Ja cilvēki dara kaut ko labāk par citiem, tad viņiem, kā likums, gribas izpelnīties apkārtējo atzinību. Pie kā gan noved tamlīdzīga lepošanās?

Daži vecāki, piemēram, pārmērīgi liela savus bērnus, lepojoties ar viņu panākumiem mācībās. Protams, kāds varbūt var arī papriecāties kopā ar mums, tomēr vairākumam no klausītājiem var būt aizskarts lepnums, bet daži no tiem var pat sadusmoties. No tā viņi bez redzama iemesla var dot kārtējo brāzienu pašu bērniem. Lai cik labi nemācītos jūsu bērns, bet, ja jūs spējat parādīt kaut nedaudz labestības, pasaudzējot citu jūtas, jūs nesāksiet pārlieku lielīt savu bērnu.

Godkārīgi ļaudis vismazāk ir ar noslieci, lai novērtētu kāda cita labu darbu, lai izteiktu viņam atzinību par to. Ar jebkuriem līdzekļiem viņi pacentīsies pamazināt citu cilvēku nopelnus, uzskatot, ka kādu citu sasniegumu atzinība aizēno viņus pašus. Tas ir tikai viens no piemēriem tam, kā paaugstināšanās var pavilkt sev līdzi problēmas. Lielīga sirds, tā rīkojoties, attālinās no patiesas garīgas mīlestības. Varbūt jūs arī domājat, ka paaugstinot sevi, jūs panāksiet apkārtējo atzinību, bet īstenībā jums būs grūti radīt pret sevi patiesu cieņu un mīlestību. Vēl vairāk, cilvēki sāks apskaust jūs, dusmoties un ar greizsirdību vēros jūs. „Bet tagad jūs lielāties savā augstprātībā; katra tāda lielība ir ļauna," (Jēkaba vēst. 4:16).

Mīlestība uz pasauli rada dzīves lepnību.

Kāpēc cilvēki sevi paaugstina? Tādēļ ka viņos ir dzīves lepnība. Dzīves lepnība - tā ir iedomība, kas rodas no tieksmes uz šīs pasaules izpriecām. Tā rodas no mīlestības pret pasauli. Parasti ļaudis lielās ar tām lietām, kuras uzskata par vērtīgām personīgi priekš sevis. Tie, kas mīl naudu, leposies ar to, ka tā viņiem ir; tie, kam svarīgs ārējais izskats, lielīsies ar savu apģērbu. Tas ir, viņiem pirmajā vietā nav Dievs, bet nauda, āriene, slava vai vara sabiedrībā.

Viens no mūsu draudzes locekļiem bija veiksmīgs uzņēmējs. Viņš pārdeva datorus biznesa – korporācijām Korejā un tiecās paplašināt savu biznesu. Paņēmis dažādus kredītus, viņš investēja tos interneta kafejnīcā un interneta – raidstacijā. Viņš dibināja kompāniju ar starta kapitālu divi miljardi Korejas vonu, kas sastāda apmēram, divi miljoni ASV dolāri.

Taču apgrozījums bija vājš un viņam pieauga zaudējumi, kas

beigās noveda pie kompānijas bankrota. Viņa māja tika pārdota izsolē, kreditori viņam dzinās pakaļ. Viņam nācās dzīvot puspagrabu vai bēniņu telpās. Un tad viņš sāka analizēt savu pagātni. Viņš saprata, ka lielījies ar saviem panākumiem un bijis alkatīgs pēc naudas. Un viņš sajuta, kādas problēmas viņš radīja apkārtējiem ar savu nemākulīgo vēlmi paplašināt biznesu.

Patiesi nožēlojis grēkus Dieva priekšā un uzvarējis sevī alkatību, viņš sāka justies laimīgs pat tad, kad viņam nācās tīrīt kanalizāciju un notekgrāvjus. Dievs ņēma vērā viņa situāciju un parādīja viņam ceļu, kā sākt jaunu biznesu. Un tagad, tā kā viņš izvēlas pareizos ceļus, viņa bizness uzplaukst.

1. Jāņa vēstulē (2:15-16), teikts: „Nemīliet pasauli, nedz to, kas ir pasaulē. Ja kāds mīl pasauli, tad viņā nav Tēva mīlestības. Jo viss kas ir pasaulē – miesas kārība, acu kārība un dzīves lepnība – tas nav no Tēva, bet ir no pasaules."

Hiskija, trīspadsmitais Dienvidu Jūdejas ķēniņš, bija nevainojams Dieva acīs. Viņš iztīrīja Templi. Viņš uzvarēja Asīriešu iebrukumu pateicoties lūgšanai. Bet, kad viņš saslima, tad pēc viņa lūgšanas ar asarām, Dievs pagarināja viņa dzīvi vēl par 15 gadiem. Un tomēr viņā palika dzīves lepnība. Pēc tam, kad viņš atveseļojās no savas slimības Bābele sūtīja pie viņa savus sūtņus.

Un nopriecājās Hiskija par sūtņiem un parādīja viņiem noliktavu ar visām savām dārglietām: sudrabu un zeltu, smaržvielām un dārgām eļļām, visus ieročus mājās un visu, kas atradās noliktavās. Par šo viņa lielīšanos Dienvidu Jūdeja bija Bābeles ieņemta, un visas mantas bija no tās aizvestas (Jesajas

39:1-6).

Lielība rodas no mīlestības uz pasauli, kas liecina par cilvēka mīlestības trūkumu pret Dievu. Tādēļ, lai izaudzētu sevī patiesu mīlestību, nepieciešams attīrīt savu sirdi no dzīves lepnības.

### Lielīties Kungā.

Reizēm ir tā, ka lielīties – tas ir labi. Runa iet par gadījumiem, kad mēs lielāmies ar Kungu, kā teikts 2. Vēstulē Korintiešiem (10:17): „Bet, kas lielās, lai lielās ar to Kungu." Lielīties ar Kungu – nozīmē dot slavu Dievam un tajā plānā, jo vairāk mēs lielāmies, jo labāk. Par labu piemēru, tāda veida lielīšanās ir "liecības."

Vēstulē Galatiešiem 6:14, Pāvils teica: „Bet es no savas puses negribu lielīties, kā tikai ar mūsu Kunga Jēzus Kristus krustu, ar ko man pasaule ir krustā sista, un es pasaulei."

Kā mums teikts, mums jālielās ar Jēzu Kristu, kurš glāba mūs un deva mums Debesu Valstību. Mūsu grēki bija nolēmuši mūs mūžīgai nāvei, bet pateicoties Jēzum, kas samaksāja par mūsu grēkiem, mēs ieguvām mūžīgo dzīvību. Cik gan mums jābūt pateicīgiem Viņam!

Šī iemesla dēļ, apustulis Pāvils lielās ar savu nespēku. 2. Vēstulē Korintiešiem 12:9 teikts: „Un Viņš ir sacījis: „Tev pietiek ar Manu žēlastību; jo Mans spēks nespēkā varens parādās." Tad nu daudz labāk lielīšos ar savu nespēku, lai Kunga spēks nāktu pār mani."

Īstenībā, Pāvils darīja daudz zīmes un brīnumus, un pat lakati un jostas no viņa ķermeņa dziedināja slimos. Viņš devās trīs misijas ceļojumos, pievedot pie Kunga lielu ļaužu skaitu, un dibināja draudzes daudzās pilsētās. Bet pie tam viņš runāja, ka tas nav viņš, kas izdarījis visu šo darbu. Viņš lielījās tikai ar to, ka ieguvis žēlastību no Dieva un spēku no Kunga, kas arī ļāva viņam padarīt visu to, ko viņš izdarīja.

Šodien daudzi cilvēki dalās ar liecībām par to, kā viņi satikušies ar Dzīvo Dievu un, kā viņi sajūt Viņa klātbūtni savā ikdienas dzīvē. Viņi liecina par Dieva mīlestību, stāsta par to, kā bijuši dziedināti no slimībām, saņēmuši finansiālu svētību, mieru ģimenē, kad sāka patiesi meklēt Dievu un, kad pierādīja savu mīlestību uz Viņu darbos.

Salamana pamācībās 8:17, rakstīts: „Es mīlēju tos, kas mani mīl, un tie, kas mani laikus meklē, mani arī atrod." Atradušie Kungu ir pateicīgi par to, ka sajutuši vareno Dieva mīlestību un ieguvuši stipru ticību, un tas nozīmē, ka viņi saņēmuši garīgas svētības. Ja viņi lielās ar Kungu, tad viņi dod Dievam godu un iedēsta ticību un dzīvību ļaužu sirdīs. Tā rīkojoties viņi krāj balvas debesīs, un viņu sirds vēlmes piepildās daudz ātrāk.

Tomēr, ir kas tāds, kur mums jābūt ļoti uzmanīgiem. Daži cilvēki saka, ka dod Dievam godu, bet īstenībā cenšas apkārtējiem izrādīt sevi un to, ko viņi izdarījuši. Viņi apslēpti visu pasniedz tā, it kā viņi būtu saņēmuši svētības pateicoties viņu pašu pūlēm. Šķiet, ka viņi it kā dotu godu Dievam, bet īstenībā viņi izliek visu kā savu nopelnu. Sātans izvirza apsūdzības pret tādiem cilvēkiem. Rezultātā viņu pašlielīšanās tiks atklāta un viņi saskarsies ar dažādu veida pārbaudījumiem un kārdinājumiem, vai pat, neieguvuši apkārtējo atzinību, viņi attālināsies no Dieva.

Vēstulē Romiešiem 15:2, teikts: „Ikviens mūsu starpā, lai dzīvo par patiku savam tuvākajam, viņam par labu, lai to celtu." Kā teikts, mums vienmēr jārunā ar tuvākajiem tā, lai tos pamācītu, sētu viņos ticību un dzīvību. Ūdens, kā zināms, izejot caur filtru, attīrās. Analoģiski tam, jābūt arī vārdu filtram. Pirms mēs tos izrunājam, jāpadomā, vai šie mūsu vārdi spēj būt citiem par pamācību vai arī tie ievainos klausītāju jūtas.

## Atmetiet dzīves lepnību.

Pat, ja cilvēkiem ir ar ko lepoties, vienalga neviens nespēs dzīvot šeit mūžīgi. Pēc šīs zemes dzīves katram vajadzēs doties vai nu uz Debesīm, vai uz elli. Debesīs pat ceļi, pa kuriem mēs staigāsim būs no zelta. Debesu bagātības nav nekādi salīdzināmas ar šīs pasaules bagātību. Tā kā lielībai ar pasaules vērtībām nav nekādas jēgas. Un, bez tam, kāda jēga cilvēkam lielīties ar savu labklājību, slavu, zināšanām un spēku, ja beigu beigās viņš nokļūs ellē?

Jēzus teica: „Jo ko tas cilvēkam palīdz, kad tas iemanto visu pasauli, bet tam zūd dvēsele. Jeb, ko cilvēks var dot par savas dvēseles atpirkšanu. Jo Cilvēka Dēls nāks sava Tēva godībā ar saviem eņģeļiem, un tad viņš ikkatram atmaksās pēc viņa darbiem," (Mateja 16:26-27).

Pasaules lepnība nevar atnest mūžīgu apmierinājumu. Tā, visdrīzāk, rada bezjēdzīgas vēlmes un ved mūs uz pazušanu. To saprotot un piepildot savas sirdis ar cerību uz Debesīm, mēs iegūsim spēku, kas nepieciešams tam, lai atbrīvotos no dzīves lepnības. Tas līdzīgi tam, kā bērns, saņēmis jaunu mūsdienīgu rotaļlietu ar vieglumu šķiras no iepriekšējās, kura novecojusi un palikusi nevajadzīga. Uzzinot par Debesu Valstības diženumu un krāšņumu, mēs pārstājam ķerties pie zemišķā un atsakāmies no cīņas par pasaulīgām lietām.

Atmetot dzīves lepnību, mēs lielīsimies tikai ar Jēzu Kristu. Mēs sapratīsim, ka šajā pasaulē nav nekā tāda ar ko būtu vērts lepoties. Ja jau ar kaut ko lepoties, tad tikai ar svētīgo iespēju baudīt mūžību Debesu Valstībā. No tā mēs piepildīsimies ar nekad agrāk nepieredzētu prieku. Pat saskaroties ar kaut kādām grūtībām savā dzīves ceļā, mēs tās pārvarēsim bez pūlēm. Mēs tikai pateiksimies par Dieva mīlestību, kas atdevis Savu Vienpiedzimušo Dēlu Jēzu, lai mūs glābtu. No tā mēs būsim prieka pilni pie jebkādiem apstākļiem. Ja mūs nevilina dzīves lepnība, tad mēs nesāksim lepoties, kad mūs slavē, un nebūsim vīlušies kad saņemam aizrādījumus. Saņemot uzslavu, mēs pieņemsim to ar pazemību, bet aizrādījumus pieņemsim ar pateicību un pacentīsimies mainīties.

# 5. Mīlestība nav uzpūtīga

Tie, kas lepojas ar sevi, bieži uzskata sevi par labākiem nekā citi, un tas dara tos augstprātīgus. Ja viņiem visas lietas iet labi, tad viņiem šķiet, ka viņi labi pastrādājuši un sāk lepoties par sevi un slinkot. Bībele saka, ka lepnība – tas ir viens no ļaunumiem, ko Dievs īpaši neieredz. Lepnība mudina cilvēkus, konkurējot ar Dievu, sākt būvēt Bābeles torni, kura dēļ Dievs sajauca valodas.

## Augstprātīgu cilvēku raksturojums.

Augstprātīgs cilvēks neuzskata citus par labākiem par sevi un attiecas pret visiem ar aizdomām un piesardzību. Tāds cilvēks jūt savu pārākumu pār citiem visās attiecībās. Viņš uzskata, ka ir pārāks par visiem. Viņš ar nicinājumu no augšas uz leju, lūkojas uz apkārtējiem, un cenšas tos visādi pamācīt. Viņa augstprātība īpaši atklājas attiecībās pret tiem, kas ieņem zemāku stāvokli. Viņš demonstrē savu pārmērīgo augstprātību pat attiecībā pret tiem, kas mācīja un virzīja viņu, kas atrodas augstāk par viņu darbā vai sociālajās kāpnēs. Viņš nevēlas klausīties ne padomus, ne nosodījumus vai vecāko pamācības. Viņš žēlojas un pie tam domā: „Mans vadītājs pats nezin ko runā. Es arī pats visu zinu un varu ar to lieliski tikt galā."

Tāds cilvēks bieži konfliktē un strīdas ar citiem. Salamana pamācībās 13:10, rakstīts: „Lepno starpā ir arvien nesaskaņas, bet īstenībā atziņa mīt tajos kuri ļaujas sev dot kādu padomu."

1. Vēstulē Timotejam 2:23, teikts: „Bet aplamās un nemākulīgās prātošanas noraidi, zinot, ka tās rada karus." Lūk, kāpēc liela muļķība un maldīšanās domāt, ka tikai tev vienam taisnība.

Sirdsapziņa un zināšanas visiem cilvēkiem atšķirīgas. Bet viss tāpēc, ka paši cilvēki visi ir dažādi, un katrs savā dzīvē redzējis, dzirdējis, pārdzīvojis kaut ko savu un kaut ko bija mācījies. Taču daudzas no šīm zināšanām kļūdainas, un kādas no tām palikušas atmiņā izkropļotā veidā. Bet, ja tās pielieto ilgu laiku, tad tās kļūs par mūsu zināšanu cietoksni un mūsos noformējas paštaisnība un domāšanas stereotipi. Paštaisnība – tā ir nostiprinājusies pārliecība par to, ka pareizs ir tikai mans personīgais viedoklis. Un ja šī doma cieši nostiprinās apziņā, tad tā pārvērtīsies par domāšanas stereotipu. Dažiem cilvēkiem domāšanas stereotipi formējas viņu personības vai viņu saņemto zināšanu iespaidā.

Stereotipi līdzīgi cilvēka ķermeņa skeletam, kurš nosaka katra uzbūvi, un kad tas ir noformējies, to jau grūti salauzt. Vairākumam ļaužu domas nosaka viņu paštaisnība un domāšanas stereotipi. Cilvēks ar mazvērtības jūtām slimīgi reaģē, ja kāds norāda ar pirkstu uz viņa trūkumiem. Ir tāds teiciens – bagāts cilvēks vienkārši saved kārtībā savas lietas, bet ļaudis domā ka viņš ar tām lepojas un lielās. Bet ja kāds lieto retoriskus, grūtus priekš saprašanas vārdus, tad apkārtējie var nodomāt, ka viņš grib paspīdēt ar savām zināšanām un skatās uz tiem no augšas.

Pirmajās klasēs es uzzināju no savas skolas skolotājas, ka Brīvības statuja atrodas Sanfrancisko. Es ļoti labi iegaumēju, kā viņa mācīja mani rādot fotogrāfijas un Savienoto Štatu karti. Deviņdesmito gadu sākumā es atbraucu uz ASV, lai novadītu Apvienoto atmodas kalpošanu. Tad es arī uzzināju, ka Brīvības statuja atrodas Ņujorkas pilsētā.

Pēc maniem priekšstatiem Brīvības statujai vajadzēja atrasties Sanfrancisko, tāpēc es nesapratu, kāpēc tā atradās Ņujorkā. Es uzprasīju par to cilvēkiem, kas bija man blakus, un viņi apstiprināja, ka Brīvības statuja patiešām atrodas Ņujorkā. Un es sapratu, ka dažas manas zināšanas par kuru patiesumu es nešaubījos, izrādījās nepatiesas. Tad es arī padomāju, ka daudz kas no tā, kas man likās pareizs, iespējams, tāpat bija kļūdains. Bieži cilvēki, pārliecināti par savu taisnību, uzstāj uz to, kas nav pareizs.

Augstprātīgi cilvēki pat tad, kad viņiem nav taisnība, neatzīst to; viņi pastiprināti aizstāvēs savu viedokli, radot augsni priekš strīda. Bet cilvēki, kas ir lēnprātīgi, nesāks strīdēties, pat ja citam cilvēkam skaidri redzams, ka nav taisnība. Pat esot par visiem 100 procentiem pārliecināti par savu taisnību, viņi vienalga neizslēdz, ka var arī kļūdīties. Viņiem nav ne mazāko nodomu uzvarēt strīdā ar citiem.

Lēnprātīgā sirdī ir garīga mīlestība, kura citus ciena augstāk nekā sevi. Pat ja viņi mazāk veiksmīgi, ar sliktāku izglītību un ieņem zemāku sociālo stāvokli, šī lēnprātība ļauj viņiem sirsnīgi un neliekuļoti cienīt citus augstāk par sevi. Katra dvēsele ir vērtīga un dārga Jēzum tik ļoti, ka Viņš izlēja par to Savas Asinis.

## Miesīgā augstprātība un garīgā augstprātība.

Ja cilvēks lepojas ar sevi, cenšas izrādīt sevi, lūkojas uz citiem no augšas, tad viņa augstprātība pamanāma uzreiz. Kad mēs pieņemam Kungu un pienākam pie patiesības izpratnes, mēs viegli varam atbrīvoties no miesīgas augstprātības. Bet, lūk, no garīgās augstprātības atbrīvoties ir ne tik vienkārši. Kas gan tas tāds – garīgā augstprātība?

Jo ilgāk jūs apmeklējat baznīcu, jo vairāk jūs iepazīstat Dieva Vārdu. Jūs tāpat varat izpelnīties kādus titulus un amatus draudzē vai jūs izvēlēs par līderi. Šajā gadījumā jums var likties, ka jūsu sirds pietiekoši piepildīta ar Dieva Vārda zināšanām, un tad jūs padomāsiet: „Es jau daudz esmu sasniedzis. Vairumā gadījumu man ir taisnība!" Jūs atmaskosiet, tiesāsiet un nosodīsiet citus pēc Dieva Vārda, kas uzkrājies jums kā zināšanas. Un pie tam jūs uzskatīsiet, ka spriežat par to, kas pareizi un, kas nepareizi atbilstoši patiesībai. Daži draudzes līderi, sekojot personīgam izdevīgumam, pārkāpj noteikumus un kārtību, kurus viņiem būtu pienākums ievērot. Un, lai arī viņu izturēšanās skaidri izjauc kārtību draudzē, viņi tomēr domā: „Priekš manis tas ir normāli, mans stāvoklis atļauj man to darīt." Tamlīdzīgas vīzdegunīgas domas ir garīgā augstprātība.

Ja mēs apgalvojam, ka mīlam Dievu, bet pie tam ar augstprātīgu sirdi nevērīgi izturamies pret Baušļiem un Dieva noteikto kārtību, tad mēs runājam nepatiesību. Ja mēs tiesājam un nosodām citus, tad mūsos nav patiesas mīlestības. Patiesība māca mūs redzēt cilvēkos to, kas viņos ir labs, un dzirdēt un runāt par viņiem tikai labu.

„Neaprunājiet, brāļi, cits citu; kas savu brāli aprunā vai brāli tiesā, aprunā un tiesā likumu, bet, ja tu likumu tiesā, tad tu neesi likuma darītājs, bet soģis," (Jēkaba vēst. 4:11).

Ko jūs jūtat, kad redzat citu cilvēku vājās vietas?

Džeks Kornfilds savā grāmatā „Piedošanas, mīlestības, laipnības un miera māksla", raksta par attieksmi pret ļaužu pārkāpumiem.

„Dienvidāfrikas ciltī Babemba, cilvēku, kurš izturas bezatbildīgi vai pārkāpj likumu, izved ciemata vidū. Viņš stāv viens, viņš nav saistīts, var brīvi kustēties. Šajā laikā viss darbs ciemā tiek pārtraukts, un katrs vīrietis, katra sieviete, un katrs bērns no šīs cilts sapulcējas kopā un veido ap nogrēkojušos gūstekni lielu apli. Visi šīs cilts locekļi pēc kārtas vēršas pie vainīgā, kas stāv apļa centrā un atgādina viņam par to labo, ko viņš ir izdarījis savā dzīvē, katru gadījumu, katru faktu pārstāsta sīki ar visām detaļām. Par visām viņa pozitīvajām īpašībām, labajiem darbiem, par viņa spēku un laipnību tiek runāts ilgi un sīki. Šī ceremonija pēc tradīcijas aizņem vairākas dienas. Pēc ceremonijas beigām aplis pašķirās, un sākas līksmi svētki; cilvēku no apļa centra sveicina un aicina atgriezties ciltī."

Pēc šīs ceremonijas, cilvēkos, kas izdarījuši kļūdu, atjaunojas pašcieņa un parādās vēlēšanās ņemt dalību savas cilts darbos. Runā, ka pateicoties šim unikālajam sodam, noziegumi šajā ciltī – ļoti reta parādība.

Redzot citu ļaužu nepilnības, mums nav vērts uzreiz tiesāt un nosodīt tos, bet labāk parādīt žēlsirdību un patiesu līdzjūtību pret viņiem. Tā mēs varēsim pārbaudīt, cik mīlestības un lēnprātības izaudzēts mūsos. Pastāvīgi pārbaudot sevi mums nav jāapmierinās ar sasniegto pamatojoties tikai uz to, ka mēs jau sen esam ticīgi.

Katrā cilvēkā, kamēr viņš nav kļuvis pilnīgi sirdsšķīsts, ir augsne, kurā var izaugt augstprātība. Tādēļ ļoti svarīgi atbrīvoties no tās dabas saknēm, kura baro augstprātību. Ja mēs to neiznīdēsim ar saknēm, karsti par to lūdzoties, tad tā var no jauna parādīties jebkurā momentā. Tas ir tas pats kā nezāles: ja tās neizrausiet ar saknēm, tās turpinās augt, lai arī cik jūs tās nepļautu. Tādā veidā, ja grēcīgā daba sirdī nav pilnībā ar saknēm izrauta, tad neskatoties uz ilgo dzīvi ticībā, augstprātība no jauna liks sevi manīt. Tātad Kunga priekšā mums jābūt kā bērniem, pilnīgi lēnprātīgiem, uzskatot citus par labākiem nekā sevi un pastāvīgi jācenšas uzaudzēt sevī garīgo mīlestību.

## Augstprātīgi cilvēki tic sev.

Nebukadnēcars atvēra Varenās Bābeles zelta ēru. Viens no senatnes brīnumiem, Gaisa dārzi, bija radīti viņa laikā. Viņš bija lepns, pārliecināts par to, ka visa viņa ķēniņvalsts un viss, kas tajā bija, radīts pateicoties viņa varenībai. Viņš uzstādīja pats sev statuju un piespieda ļaudis to pielūgt. Pravieša Daniela grāmatā 4:27, teikts: „... viņš teica lielīgi: „Vai šī nav tā lielā Bābele, ko es uzcēlu ar savu spēku ķēniņam par mājokli un par godu savai varenībai!"

Beigu rezultātā Dievs deva viņam iespēju saprast, kas ir patiesais pasaules Valdnieks (pravieša Daniela grām. 4:31-32). Viņš bija izdzīts no pils, ēda zāli kā vērsis un dzīvoja, kā mežonīgs zvērs tuksnesī septiņus gadus. Kāds labums no viņa darbiem bija tanī momentā? Mēs neko nevaram iegūt, kamēr Dievs mums to neļaus. Pēc septiņiem gadiem Nabukadnēcaram atgriezās saprāts. Viņš saprata savu augstprātību un atzina Dievu. Pravieša Daniela grāmatā 4:34, teikts: „Es, Nebukadnēcars, tagad slavēju, godinu un augsti teicu debesu Ķēniņu, jo visi Viņa darbi ir patiesi un visi Viņa ceļi ir taisnība: „Viņš var pazemot tos, kas lepnībā staigā."

Runa iet ne tikai par Nebukadnēcaru. Daži ticīgie saka: „Es ticu sev." Taču uzvara šajā pasaulē ne tik viegli tiek dota. Ir daudz problēmu pasaulē, kuras atrisināt nav cilvēku spēkos. Pat pašas progresīvākās zinātnes zināšanas un tehnoloģijas izrādās bezspēcīgas stihisku nelaimju priekšā, tajā skaitā taifūnu, zemestrīču un citu negaidītu dabas kataklizmu priekšā.

Un cik eksistē slimību, kuras nav iespējams izārstēt ar mūsdienu medicīnas līdzekļiem?! Un neskatoties uz to, saskaroties ar problēmām, daudzi cilvēki rēķinās vairāk ar sevi, nekā ar Dievu. Viņi paļaujas uz savām domām, pieredzi un zināšanām. Bet, ja tas viss neatnes izdošanos un problēmas - kā iepriekš nerisinās, viņi sāk kurnēt pret Dievu, kaut gan paši Viņam nav ticējuši. Bet visa iemesls – augstprātība viņu sirdīs. Šīs augstprātības dēļ viņi neatzīstas savā vājumā un negrib pazemīgi pieņemt Dievu.

Īpaši apbēdina tas, ka daži Dievam ticīgie vairāk paļaujas uz pasauli un paši uz sevi, nekā uz Dievu. Dievs vēlas, lai Viņa bērni būtu veiksmīgi un dzīvotu ar Viņa palīdzību. Bet, ja jūs negribat būt pazemīgi Dieva priekšā, bet paliekat savā augstprātībā, tad Dievs nevarēs palīdzēt jums. Tad jūs nebūsiet aizsargāti no ienaidnieka velna, un jūsu dzīves ceļš nebūs veiksmīgs. Salamana pamācības, 18:12 teikts: „Pirms bojā iešanas cilvēka sirds kļūst lepna, bet pazemība ved godā," tas ir iemesls zaudējumiem un kraham, un ir nekas cits, kā augstprātība.

Dievs uzskata, ka būt augstprātīgam – muļķīgi. Cik gan sīks ir cilvēks salīdzinot ar Dievu, Kuram debesis – tronis, bet zeme – kāju pamesls! Visi cilvēki bija radīti pēc Dieva līdzības, un, kā Dieva bērni, mēs visi esam vienlīdzīgi, neatkarīgi no ieņemamā stāvokļa. Lai ar ko mēs nelepotos šajā pasaulē, zemes dzīve – tikai mirklis. Kad šī īsā dzīve pienāks pie beigām, visi stāsies Dieva tiesas priekšā. Debesīs mēs būsim paaugstināti atbilstoši tam, ko mēs pazemībā darījām uz šīs zemes. Kungs mūs paaugstinās, kā arī apsolījis mums Jēkaba vēstulē (4:10): „Zemojieties Tā Kunga priekšā, tad Viņš jūs paaugstinās."

Ja ūdens sastāvas mazā peļķē, tad tas sasmok un tajā ieviešas tārpi. Bet, kad ūdens tekošs, tas, pastāvīgi notekot pa kalna nogāzi, agri vai vēlu ieplūst jūrā un dod dzīvību daudzām radībām. Pēc analoģijas ar to, kā upe ietek jūrā, arī mēs kļūsim lieli Dieva acīs, darot sevi pazemīgus.

| **Garīgās mīlestības raksturīgās īpatnības (I)** | 1. Mīlestība ir pacietīga |
|---|---|
| | 2. Mīlestība ir žēlsirdīga |
| | 3. Mīlestība neskauž |
| | 4. Mīlestība nelielās |
| | 5. Mīlestība nav lepna |

## 6. Mīlestība nav piedauzīga

„Manieres" vai „etiķete" – tie ir uzvedības noteikumi sabiedrībā, kuri runā par to, kā jāuzvedas pašam un jāizturas pret citiem cilvēkiem. Dažādās kultūrās etiķete noteikta dažādām uzvedības normām, kas pieņemtas sarunā, pie vakariņu galda vai tādās sabiedriskās vietās, kā, teiksim, teātris.

Labas manieres – svarīga mūsu dzīves daļa. Sociāli pieņemama uzvedība noteiktā vietā vai noteiktā situācijā parasti rada labvēlīgu iespaidu uz apkārtējiem. Un otrādi, ja mēs neizturamies kā pienākas un neievērojam etiķeti, tad mūsu uzvedība var nostādīt neveiklā situācijā citus cilvēkus. Bez tam, ja mēs sakām cilvēkam, ka mīlam viņu, bet pie tam izturamies attiecībā pret viņu nepieklājīgi, tad viņš nenoticēs tam, ka mēs viņu mīlam.

Vārdu „piedauzīgi" Meriama – Vebstera vārdnīca skaidro kā uzvedību, kas iziet ārpus standartu rāmjiem, kas pieņemts pie klātesošo cilvēku stāvokļa vai viņu dzīves apstākļiem. Ir daudzums dažādu etiķetes noteikumu priekš ikdienas dzīves notikumiem. Tie diktē, piemēram, kā sasveicināties un vadīt sarunu. Mums par izbrīnu daudzi cilvēki pieļauj rupjības, pat neapzinoties, ka uzvedas nepieklājīgi. Un no mūsu neaudzinātības visbiežāk cieš mums tuvie cilvēki. Ja mēs esam neapmierināti ar to vai citu cilvēku, tad mēs esam ar nosliеci izturēties rupji attiecībā pret viņu, neraizējoties par etiķeti.

Ja mūsos ir patiesa mīlestība, mēs nekad neizturēsimies piedauzīgi. Pieņemsim, ka jums ir skaista rotaslieta. Vai jūs nevērīgi ar to apiesieties? Visdrīzāk, jūs būsiet ļoti uzmanīgi un saudzīgi to lietojot, lai nesalauztu, nesabojātu un nepazaudētu to. Ar kādu gan uzmanību jūs izturēsieties pret cilvēku, ja jūs patiešām mīlat viņu?

Piedauzīga rīcība var izpausties divos gadījumos – attiecībā pret Dievu un attiecībā pret cilvēku.

## Piedauzīga rīcība attiecībā pret Dievu.

Ja pavērotu to ļaužu, kas tic Dievam un apgalvo, ka mīl Dievu, uzvedību un ieklausītos viņu vārdos, tad izrādīsies, ka daudzi no tiem, īstenībā ir tālu no tā. Kā piemērs, nopietnas necieņas izrādīšanai pret Dievu, piemēram, ir snaušana dievkalpojuma laikā.

Snaust dievkalpojuma laikā – tas ir tas pats, kā snaust Paša Dieva klātbūtnē. Cilvēki uzskatīs par rupjības izpausmi, ja kāds sāks knābāt ar degunu, sēžot tieši valsts prezidenta vai kompānijas ģenerāldirektora priekšā. Cik gan tādā gadījumā nepiedienīgi aizmigt Dieva klātbūtnē? Būtu gan dīvaini pēc tā apgalvot, ka jūs mīlat Dievu. Iedomājieties paši, ka jūs esat satikušies ar savu mīļoto un tieši viņa priekšā aizmiguši. Vai gan var pēc tam teikt, ka jūs patiešām mīlat šo cilvēku?

Un vēl: ja jūs sarunājaties ar savu blakussēdētāju dievkalpojuma laikā, vai sēžat un sapņojat par kaut kādām blakus lietām, tad tā arī ir piedauzīgas rīcības izpausme. Tamlīdzīga uzvedība runā par to, ka atnākušajam uz dievkalpojumu nav ne cieņas, ne mīlestības pret Dievu.

Tamlīdzīga uzvedība atstāj iespaidu arī uz sludinātāju. Pieņemsim, ka draudzes locekļi sarunājas cits ar citu, domā par blakus lietām, snauž. Un tad sludinātājs sāk domāt, ka viņa svētruna nav tik interesanta. Viņam var zust iedvesma, kas saņemta no Svētā Gara, un viņš nespēs sludināt Gara pilnībā. Un viss tas, rezultātā, atstās negatīvu iespaidu arī uz citiem dievkalpojuma dalībniekiem.

Tas pats attiecas arī uz tiem, kas pamet svētnīcu dievkalpojuma vidū. Protams, dažiem darbiniekiem nākas aiziet pirms dievkalpojuma beigām, lai palīdzētu kalpošanas organizēšanā. Taču, ja neskaita dažus izņēmuma gadījumus, aiziet var tikai pēc tam, kad dievkalpojums pilnībā beidzies. Kādi cilvēki, domājot, ka „mēs vienkārši paklausīsimies svētrunu," aiziet vēl pirms tam, kā sapulce beigusies, un tas arī ir piedauzīga rīcība.

Dievkalpojumi šodien pielīdzināmi pie dedzināmo upuru pienešanas Vecajā Derībā. Kad cilvēki pienesa dedzināmo upuri, viņiem vajadzēja to sagriezt pa daļām un pēc tam sadedzināt uz altāra (3. Mozus 1:9).

Ziedojuma pienešana, mūsdienu šī vārda izpratnē, ir pilnvērtīgs dievkalpojums, no sākuma līdz beigām, ar noteiktas formas ievērošanu. Mums no visas sirds jātiecas uz to, lai ievērotu kārtību un dievkalpojuma secību, sākot no pirmās lūgšanas un līdz pēdējai, līdz Kunga Lūgšanai un mācītāja svētībai. Lai ko mēs darītu baznīcā – vai dziedam slavas dziesmas vai lūdzamies, savācam ziedojumus vai sakām ziņojumus, - mums tam visam jāatdod visu sirdi. Tāpat visu sevi jāatdod arī citām draudzes kalpošanām: lūgšanas sapulcēm, pielūgsmei un nodarbībām šūniņās.

Lai pielūgtu Dievu no visas sirds, mēs, pirmkārt, nedrīkstam nokavēt uz sapulci. Ja nokavēt satikšanos ar citiem cilvēkiem skaitās nepieklājīgi, tad cik gan nepieklājīgi nokavēt uz satikšanos ar Dievu? Dievs vienmēr gaida mūs tajā vietā, kur notiek dievkalpojums, lai pieņemtu mūsu pielūgsmi.

Tādēļ mums nav jāatnāk tieši uz dievkalpojuma sākumu. Labas uzvedības noteikumi prasa, lai mēs atnāktu agrāk palūgties, nožēlot grēkus un sagatavoties dievkalpojumam. Un vēl: ja mēs lietojam mobilo telefonu, ļaujam bērniem skraidīt un spēlēties dievkalpojuma laikā – tā arī ir piedauzīgas rīcības izpausme.

Svarīga nozīme tāpat ir arī tam, kādā apģērbā jūs nākat uz dievkalpojumu. Nepieklājīgi nākt uz baznīcu tajās pašās drēbēs, kurās jūs staigājat pa mājām vai nēsājat darbā. Tas, kā jūs esat apģērbts, - arī parāda godāšanu un cieņu pret cilvēkiem. Dieva bērni, kas patiesi tic Dievam, tur dārgas attiecības ar Dievu. Tādēļ, nākot Viņu pielūgt viņi saģērbjas tīrīgi.

Protams, var būt arī izņēmumi. Uz sapulci trešdienā vai uz vakara dievkalpojumu piektdienā daudzi nāk tieši no darba. Tā kā viņi steidzas, lai nenokavētu, viņi nāk tieši darba apģērbā. Tādā gadījumā Dievs neteiks, ka viņi uzvedas negodbijīgi. Tieši pretēji, Viņš būs priecīgs par to un pieņems viņu siržu labo smaržu, jo viņi steigušies laikā atnākt uz dievkalpojumu, neskatoties uz aizņemtību darbā.

Dievs grib nodibināt ar mums ciešu saskarsmi caur pielūgsmi

un lūgšanām. Ir pienākumi, kurus Dieva bērniem jāpilda. Lūgšana – tā ir komunikācija ar Dievu. Bet ir cilvēki, kuri uzsitot pa plecu cilvēkam, pārtrauc viņa lūgšanu, tādēļ ka tiem steidzīgi kaut ko no viņa vajag.

Tas ir tas pats, kā pārtraukt cilvēkus, kad viņi sarunājas ar vecākajiem. Ja jūs atverat acis un pārtraucat lūgties, tādēļ ka kāds jūs pasaucis, tad tā arī ir piedauzīga rīcība. Šajā gadījumā jums pienākas vispirms pabeigt lūgšanu, un pēc tam atbildēt cilvēkam, kas jūs pasaucis.

Ja mēs pielūdzam Dievu un lūdzamies garā un patiesībā, tad Dievs atmaksā mums par to ar svētībām un balvām. Viņš daudz ātrāk atbild uz mūsu lūgšanām. Un viss tādēļ, ka Viņš ar prieku pieņem mūsu siržu labo aromātu. Bet ja mūsu piedauzīgie darbi krājas, un tas notiek gadu – divus un ilgākā laikā, tad ar to pašu mēs uzceļam grēka sienu starp sevi un Dievu. Ja attiecībās starp vīru un sievu, vecākiem un bērniem nav mīlestības, tad no tā rodas ne mazums problēmu. Mēs varam nesaņemt atbildes uz savām lūgšanām, lai cik ilgi mēs nelūgtos. Bet pareiza attieksme pret pielūgsmi un lūgšanu dos mums iespēju atrisināt daudzas problēmas.

### Baznīca – tas ir svēts Dieva Nams.

Baznīca – tā ir vieta, kur mājo Dievs. Psalmos 11:5, mēs lasām: „Tas KUNGS ir Savā svētajā namā. Tam KUNGAM debesīs ir goda krēsls..."

Vecās Derības laikos ieeja svētnīcā bija ierobežota. Ieiet tajā bija atļauts tikai priesteriem. Vissvētākajā vietā varēja ieiet tikai augstākais priesteris un tikai reizi gadā. Bet šodien, pēc Dieva žēlastības, katrs var ieiet svētnīcā, lai pielūgtu Dievu. Jo Jēzus izpircis mūs no grēkiem ar Savām asinīm, par ko Vēstulē Ebrejiem 10:19, rakstīts: „Tā kā nu mēs, brāļi, droši varam ieiet svētajā vietā Jēzus Kristus Asiņu dēļ."

Svētnīca – tā ir ne tikai tā vieta, kur notiek dievkalpojumi. Tā ir visa baznīcai pieguļošā teritorija, ieskaitot baznīcas pagalmu un darba telpas. Tādēļ atnākot uz baznīcu, jābūt uzmanīgam savos vārdos un darbos. Mēs nedrīkstam atrodoties svētnīcā skaisties un strīdēties, runāt par pasaulīgām izklaidēm vai biznesu. Pie tam vēl, mēs nedrīkstam nevērīgi izturēties pret Dieva svētlietām baznīcā, lauzt, bojāt vai zaudēt tās.

Īpaši nepieņemami ir baznīcā pirkt vai pārdot, lai kas arī tas nebūtu. Mūsu laikā, ar interneta veikalu attīstību, daudzi cilvēki izdara pirkumus un maksā par tiem caur internetu tieši baznīcā un saņem tos arī baznīcas adresē. Viņu darījumu aktivitāte acīmredzama. Mums jāatceras par to, kā Jēzus apgāzis galdus naudas mijējiem, padzina tos, kas pārdeva dzīvniekus upurēšanai. Jēzus uzskatīja par nepieņemamu turēt templī pat dzīvniekus, kas bija paredzēti upurēšanai. Tādēļ baznīcā mums neko nav ne jāpārdod, ne jāpērk personīgām vajadzībām. Nepieļaujami tāpat ierīkot tirdzniecību baznīcas pagalmā.

Katrai vietai baznīcā jābūt nodalītai priekš Dieva pielūgsmes, priekš brāļu un māsu sadraudzības Kungā. Jāparāda īpašu piesardzību tajā, lai lūgšanas un biežās tikšanās baznīcā nenotrulinātu mūsu svētuma izjūtu baznīcā. Ja mēs mīlam baznīcu, tad nesāksim darīt neko nepiedienīgu tur, atceroties vārdus no Psalmiem, 84:11, kur teikts: „Tiešām viena diena Tavos pagalmos ir labāka, nekā tūkstoš citas! Stāvēt pie Dieva nama sliekšņa ir labāk nekā mājot bezdievības mājokļos!"

## Piedauzīga rīcība attiecībā pret cilvēkiem.

Bībele saka, ka tas, kas nemīl savu brāli, nevar iemīlēt Dievu. Ja mēs rīkojamies piedauzīgi attiecībā pret cilvēkiem, kurus redzam, tad kā gan mēs dosim godu Dievam, Kuru neredzam?

„Ja kāds saka: es mīlu Dievu, - bet ienīst savu brāli, tad viņš ir melis; jo kas nemīl savu brāli, ko viņš ir redzējis, nevar mīlēt Dievu, ko viņš nav redzējis," (1. Jāņa vēst. 4:20).

Tagad apskatīsim piedauzīgas rīcības izpausmes, kas visbiežāk sastopamas ikdienas dzīvē un, kuras mēs reizēm pat nepamanām. Kā likums, ja mēs rūpējamies tikai par personīgām interesēm un nerēķināmies ar citu vajadzībām, tad neizbēgami izturēsimies rupji. Piemēram, runājot pa telefonu, mums jāpieturas pie noteiktas etiķetes. Ja mēs kādam zvanam vēlu vakarā vai vadam ilgas sarunas pa telefonu ar cilvēku, kurš ļoti aizņemts, tad ar to mēs radām viņam neērtības. Nokavēt uz norunāto tikšanos, nākt viesos bez uzaicinājuma vai ierasties bez brīdinājuma tur, kur jūs negaida, - tās visas ir arī neaudzinātības izpausmes.

Kāds var padomāt: „Kādēļ gan ievērot visas šīs formalitātes ar cilvēkiem, ar kuriem mēs esam tik tuvi?" Jūsu attiecības ar cilvēku var būt patiešām labas, un, iespējams jūs patiešām saprotat cits citu. Un tomēr, ļoti grūti saprast cita cilvēka sirdi par visiem 100 procentiem. Mums varbūt liksies, ka mēs izrādām savu draudzīgo noskaņojumu pret cilvēku, bet viņš var saprast to pavisam citādāk. Tādēļ mums jāpieiet pie situācijas no cita cilvēka pozīcijas. Bet pret tuvākajiem un pret cilvēkiem, kuri mums uzticas, attieksmei jābūt īpaši saudzīgai.

Ļoti bieži mēs izrunājam kaut kādus neapdomīgus vārdus, darām neapdomīgas lietas, kuras ievaino un apbēdina mūsu tuvākos cilvēkus. Mēs izturamies rupji attiecībā pret ģimenes locekļiem vai tuviem draugiem un ienesam sasprindzinājumu attiecībās, kuras no tā paliek tikai sliktākas. Ļoti bieži vecākie nepieļaujami rupji attiecas pret tiem, kas jaunāki par viņiem, vai arī pret tiem, kas ieņem mazāk nozīmīgu amatu. Un starp citu, cieņas trūkums, komandējošs tonis izraisa apkārtējos diskomforta sajūtu.

Šodien jau grūti atrast cilvēku, kurš no visas sirds kalpotu saviem vecākiem, skolotājiem un vecākiem cilvēkiem, kuriem mums būtu jākalpo. Kādi var pateikt, ka tagad nav vairs tas laiks, tomēr ir lietas, kuras nemainās nekad. 3. Mozus Grāmatā 19:32, teikts: „Sirmas galvas priekšā tev būs piecelties, un godini vecu cilvēku, bīsties sava Dieva, - Es esmu Tas KUNGS!"

Dieva griba ir tajā, lai mēs izpildītu savus pienākumus attiecībā pret citiem cilvēkiem. Lai nebūtu par piedauzību, Dieva bērniem tāpat jāpilda likumi un noteikumi, kas uzstādīti šajā pasaulē. Piemēram, ja mūsu dēļ izceļas ķilda sabiedriskā vietā vai, ja mēs spļaujam uz ielas, pārkāpjam Ceļu Satiksmes noteikumus, tad tāda uzvedība būs piedauzīgas rīcības parādīšana attiecībā pret apkārtējiem. Mums kristiešiem, jābūt gaismai un sālim priekš šīs pasaules, tādēļ mums jābūt ļoti uzmanīgiem vārdos, darbos un uzvedībā.

## Mīlestības likums – tas ir augstākais standarts.

Parasti cilvēki lielu sava laika daļu pavada citu ļaužu sabiedrībā – viņi satiekas un sarunājas ar tiem, pusdieno vai strādā kopā. Un ikdienas dzīvē prieks katra gadījuma ir savi etiķetes noteikumi. Taču cilvēki ir ar atšķirīgu izglītības līmeni. Katrā valstī dažādu rasu grupu pārstāvjiem ir savas uzvedības īpatnības. Pie kādiem standartiem tad jāturas mums?

Par šo standartu ir mīlestības likums mūsu sirdī. Mīlestības likums ir Dieva noteikts, Kurš arī ir pati Mīlestība. Ja Dieva Vārds ieiet mūsu sirdī un mēs to pielietojam praktiski, tad mēs spēsim izturēties pret ļaudīm tā, kā pret viņiem izturas Pats Kungs, un mēs nesāksim piedauzīgi rīkoties. Mīlestības likumā ir viena īpatnība. Mīlestība dara mūs uzmanīgus.

Tumšā naktī garāmgājējs gāja pa ceļu turot rokā lampu. Viņam pretim nāca cits cilvēks. Un kad viņi nonāca blakus, šis cilvēks ieraudzīja, ka garāmgājējs ar lampu ir akls. Tad viņš uzprasīja tam, priekš kam viņam lampa, ja viņš vienalga neredz. Tas atbildēja: „Priekš tam, lai tu neuzgrūstos man. Šī lampa ir priekš tevis." Šis stāsts dod mums kādu sapratni par to, ko nozīmē būt uzmanīgam.

Uzmanība attiecībā pret citiem, pie it kā ikdienišķām lietām, ir ar spēku mīkstināt ļaužu sirdis. Nevērīga attieksme pret citiem ir rādītājs mīlestības trūkumam un noved pie piedauzīgas rīcības. Ja mēs patiešām mīlam kādu, tad vienmēr ņemsim vērā viņa intereses un nepieļausim paviršību attieksmē.

Ja darot lauksaimniecības darbus izmestu visus nepilnvērtīgos augļus, tad tie, kas paliks, saņems visas tiem pieejamās barības vielas. Un tad tiem, kas palikuši, izveidosies pārāk bieza miza un ne visai laba garša. Kad mēs neņemam vērā tuvāko intereses un saņemam apmierinājumu, kas pieejams mums uz to momentu, tad mēs atgādinām tos pašus biezādainos un bezgaršīgos augļus, kuri dabūjuši pārāk daudz barības vielu.

Vēstulē Kolosiešiem 3:23, teikts: „Visu ko dariet, darāt no sirds, it kā savam Kungam un ne cilvēkiem," tādēļ mums jākalpo katram, parādot visaugstāko cieņu. Tā, it kā mēs kalpotu Kungam.

## 7. Mīlestība nemeklē savu labumu

Egoisms – diezgan izplatīta parādība mūsdienu pasaulē. Ļaudis meklē to, kas izdevīgs pašam, bet ne to, kas būtu bijis labs priekš citiem. Dažās valstīs ražotāji pievieno kaitīgas ķīmiskas vielas piena produktiem, kas domāts priekš bērniem. Ir cilvēki, kuri rada lielus zaudējumus savai paša valstij zogot tehnoloģijas, kuras spēlē ļoti svarīgu lomu priekš valsts.

Valdībai bieži grūti atrast vietu priekš sabiedriski svarīgām būvēm, tajā skaitā tādām, kā atkritumu izgāztuves, krematorijas, tādēļ ka sākas vietējo iedzīvotāju protesti: „Tikai ne blakus mums." Nevienam nerūp tas, kas ērts citiem, visus satrauc vienīgi personīgā labklājība. Lai arī ne tik skaidri redzamas, bet tomēr egoisma izpausmes diezgan bieži var sastapt mūsu ikdienas dzīvē.

Piemēram, kolēģi vai draugi nolēmuši kopā paēst pusdienas. Viņiem jāizvēlas, ko viņi ēdīs. Viens no viņiem uzstājīgi piedāvā pasūtīt to, ko viņam gribētos ieēst. Cits no šīs kompānijas piekrīt. Lai arī ēdiena izvēle viņam personīgi ne visai patīk, bet viņš vienmēr sākumā painteresējas par citu viedokli. Un pēc tam neatkarīgi no tā, vai viņam iepatīkas ēdiens vai nē, viņš to ēdīs ar prieku. Pie kādas ļaužu kategorijas piedarāt jūs?

Grupa kolēģu novada sapulci, lai sagatavotos priekšā stāvošam pasākumam. Sapulcējušos viedokļi atšķiras. Viens no klātesošajiem uzstājīgi pārliecina visus par viņa idejas pārākumu. Cits gan ne tik ļoti uzstāj uz savu, un, lai gan viņam nepatīk piedāvātā ideja, viņš pieņem ieteikumu, lai arī bez īpaša entuziasma.

Ir cilvēki, kuri vienmēr ieklausās klātesošo viedoklī. Un pat ja viņi paši domā savādāk, viņi noteikti ņems vērā pārējo viedokļus. Cilvēka uzvedība tajā vai citā situācijā atkarīga no tā, cik viņa sirds piepildīta ar mīlestību.

Interešu konflikts, kurš var novest pie strīdiem un nesaskaņām, izceļas tikai tādēļ, ka katrs meklē personīgo izdevīgumu un uzstāj uz sava paša viedokļa pareizību. Ja laulībā katrs laulātais sāks uzstāt uz savu taisnību, tad ģimenē, savstarpējās saprašanās vietā, būs pastāvīgi konflikti. Miers iespējams tikai tad, kad cilvēki piekāpjas cits citam un cenšas viens otru saprast. Bet, ja katrs pierāda sava viedokļa pareizību, tad miers ļoti viegli sagrūst.

Ja mēs kādu mīlam, tad rūpēsimies par šo cilvēku vairāk, nekā paši par sevi. Tam piemērs – vecāku mīlestība. Vairums vecāku domā par saviem bērniem vairāk, kā par sevi. Mātei patīkamāk dzirdēt: „jūsu meita tik skaista," nekā „jūs – tāda skaistule."

Tā vietā, lai apēstu kaut ko garšīgu, viņi, visdrīzāk, ar prieku pabaros ar to savus bērnus. Viņi sev nenopirks skaistas drēbes, bet savus dēlus un meitas apģērbs ar kaut ko greznāku. Un protams, ka viņiem gribas, lai bērni būtu vairāk izglītoti, nekā viņi paši. Viņiem gribās, lai viņu dēli un meitas būtu apkārtējo cienīti un mīlēti. Ja mēs ar tādu pat mīlestību varētu izturētos, piemēram, pret saviem kaimiņiem, jā, un pret visiem, kas mums apkārt, tad ar to mēs tikai iepriecinātu Dievu.

Ābrahāms rūpējās par cilvēkiem ar mīlestību.

Vēlēšanās nolikt citu intereses augstāk par personīgām piemīt upurēties spējīgai mīlestībai. Ābrahāms – brīnišķīgs tāda cilvēka piemērs, kuram citu intereses bija pirmajā vietā. Kad Ābrahāms pameta savas dzimtās vietas, tad viņam sekoja viņa brāļadēls Lats. Lats arī bija saņēmis lielas svētības, pateicoties Ābrahāmam, tādēļ viņa ganāmpulks tik ļoti pieauga, ka ūdens un barības abiem ganāmpulkiem, kas piederēja Ābrahāmam un Latam, sāka pietrūkt. Un tādēļ starp viņu ganiem reizēm pat izcēlās strīdi.

Ābrahāms negribēja izjaukt mieru, tādēļ piedāvāja Latam tiesības pirmajam izlemt, kādu zemi viņš gribētu nodalīt priekš sevis un kādu – atstāt viņam. Priekš lopiem pats galvenais – ganības un ūdens. Tur, kur dzīvoja Ābrahāms un Lats, barības un ūdens visiem lopiem nepietika. Un piekāpties, atsakoties no labākās zemes, šajā gadījumā nozīmēja atteikties no paša nepieciešamākā priekš izdzīvošanas.

Ābrahāms parādīja tādas rūpes par Latu, tādēļ ka ļoti mīlēja viņu. Bet Lats tā arī līdz galam nesaprata Ābrahāma mīlestību; viņš vienkārši izvēlējās labāko zemi, kas bija Jordānas upes ielejā un nodalījās no Ābrahāma. Vai gan Ābrahāms sajutās neveikli, redzot, ka Lats tūlīt pat bez šaubīšanās, paņēma sev pašu labāko? Nepavisam nē! Viņš bija priecīgs par to, ka viņa brāļadēlam tiek labākā zeme.

Dievs, redzot Ābrahāma labo sirdi, viņu bagātīgi svētīja, lai kur arī viņš negāja. Viņš bija tik bagāts, ka viņu cienīja visi ķēniņi apkārtnē. Kā redzams no šī piemēra, mēs saņemam Dieva svētības, ja rūpējamies vispirms par citu ļaužu interesēm un tikai pēc tam – par savām personīgajām.

Ja mēs atdodam to, kas pieder mums, saviem mīļotajiem, tad tas sagādā mums pašu lielāko prieku. Šo prieku var saprast tikai tie, kas upurējuši pašu dārgāko dēļ saviem mīļotajiem. Jēzus baudīja tamlīdzīgu prieku. Šo vislielāko laimi var iegūt, kultivējot pilnīgo mīlestību. Ļoti grūti dāvināt kaut ko tiem, ko tu neieredzi, un pavisam nav grūti atdot visu tam, kuru tu mīli. Mēs būsim laimīgi, atdodot viņiem visu.

## Lai baudītu vislielāko laimi.

Pilnīgā mīlestība dod mums iespēju baudīt lielāko laimi. Un priekš tā, lai iegūtu tādu pat pilnīgu mīlestību, kā Jēzum, mums vajag vispirms domāt par citiem, bet jau pēc tam par sevi. Priekš mums prioritārām jābūt ne pašu interesēm, bet mūsu tuvāko interesēm, Dievam, Kungam un draudzei, un par mums tad parūpēsies Dievs. Kad mēs rūpējamies par cilvēku vajadzībām, Viņš dod mums pat vairāk par to, kas mums vajadzīgs, un pie tam Debesīs mums krājas vainagi un balvas. Lūk tāpēc Apustuļu darbos 20:35, Dievs saka: „... svētīgāk ir dot nekā ņemt."

Tomēr šeit jāievieš skaidrība vienā jautājumā. Uzticīgi pūloties priekš Debesu Valstības mums nav jārada sev problēmas ar veselību, pārsniedzot savu fizisko spēku robežas. Dievs pieņems mūsu sirdi, novērtēs uzticību, kas pārsniedz mūsu iespēju robežas.

Bet tomēr nedrīkst aizmirst, ka fiziskajam ķermenim vajadzīga atpūta. Mums tāpat jārūpējas par to, lai gūtu sekmes mūsu dvēsele. Un priekš tā mums ne tikai jādarbojas draudzē, bet arī jālūdz, jāgavē un jāmācās Dieva Vārds.

Daži cilvēki rada neērtības vai kaitē savas ģimenes locekļiem un apkārtējiem, veltot pārāk daudz laika draudzes darbiem. Piemēram, kādi cilvēki nevar apzinīgi izpildīt savu darbu, tādēļ ka atrodas gavēnī. Un ir studenti, kuri nepilda uzdotās mācības, tādēļ ka piedalās svētdienas skolas pasākumos.

Tamlīdzīgos gadījumos daži no viņiem domā, ka viņi nemeklē personīgo izdevīgumu, jo viņi taču tik centīgi darbojas. Bet tas nepavisam nav tā. Neskatoties uz to, ka viņi strādā priekš Kunga, viņi neparāda uzticību visā Dieva namā, bet tas nozīmē, ka viņi ne līdz galam izpilda Dieva bērnu pienākumus. Bet, rezultātā, viņi tikai meklē paša personīgo izdevīgumu.

Ko gan darīt, lai pārvarētu sevī vēlmi redzēt tikai to, kas izdevīgs pašam? Priekš tā mums visā jāpaļaujas uz Svēto Garu. Svētais Gars ir Dieva sirds, Viņš virza mūs pie patiesības. Mēs pagodināsim Dievu ar savu dzīvi, darot visu Svētā Gara vadībā, kā arī teicis apustulis Pāvils: „Tāpēc, vai ēdat vai dzerat, visu to dariet Dievam par godu," (1. Vēst. Korintiešiem 10:31).

Lai viss sanāktu tieši tā, kā bija teikts iepriekš, mums jāattīra savu sirdi no ļaunuma. Bez tam, uzaudzējot patiesu mīlestību savā sirdī, mēs iegūsim gudrību uz labo, kura palīdzēs mums atpazīt Dieva gribu katrā situācijā. Un tā kā mūsu dvēseles gūs sekmes, mēs būsim veseli un gūsim panākumus visā, mākot pierādīt savu uzticamību Dievam pilnā mērā. Mūs mīlēs gan mūsu kaimiņi, gan mūsu ģimenes locekļi.

Kad jaunlaulātie atnāk, lai saņemtu svētības lūgšanu, es vienmēr lūdzos par to, lai viņi varētu vispirms rūpēties par viens otra interesēm. Ja viņi domās tikai par paša interesēm, tad viņu ģimenē nebūs miera.

Mēs rūpējamies tikai par to interesēm, kurus mēs mīlam, vai tiem, kas var būt mums derīgi. Bet kā ar tiem cilvēkiem, kuri pastāvīgi rada mums grūtības un vienmēr meklē tikai to, kas izdevīgs pašam? Un kā būt ar tiem, kas dara mums sliktu, vai tiem, no kuriem mums nav nekāda labuma? Kā mēs izturēsimies pret tiem, kuru darbi naidīgi patiesībai, un kuru vārdos vienmēr viens vienīgs ļaunums?

Ja mēs izvairāmies no tamlīdzīgiem cilvēkiem, neko negribam viņu dēļ ziedot, tad tas nozīmē, ka mēs vēl joprojām meklējam savu labumu. Mums jāmāk sevi ziedot un piekāpties tiem, kuru uzskati atšķiras no mūsējiem. Tikai tad mēs spēsim kļūt par cilvēkiem, no kuriem nāk garīgā mīlestība.

## 8. Mīlestība neskaišas

Mīlestība piepilda ar pozitīvo cilvēka sirdi. Tajā pat laikā, kad dusmas, tieši otrādi, inficē sirdi ar negatīvo. No dusmām cilvēka sirdī – sāpes un tumsa. Tādēļ, kad mēs dusmojamies, mēs nevaram atrasties Dieva mīlestībā. Ienaids un dusmas – galvenie slazdi, kurus ienaidnieks velns izliek priekš Dieva bērniem.

Skaisties – nenozīmē tikai dusmoties, kliegt, rāties un būt cietsirdīgam. Kā likums, noskaities cilvēks ir ar izkropļotu sejas izteiksmi, mainās sejas krāsa, balss tonis kļūst ass. Un kaut arī katrā gadījumā skaišanās atklājas dažādā pakāpē, bet vienmēr pie tās izšļakstās ārpusē nepatika un naidīgums, kas ir cilvēka sirdī. Taču tikai no tā, kā cilvēks izskatās, mēs nevaram apgalvot, ka viņš noskaities. Tas nav tik vienkārši – saprast cilvēka sirdi.

Vienreiz Jēzus padzina visus, kas pārdeva un pirka templī, kurā tirgotāji bija uzstādījuši galdus un mainīja naudu, pārdeva vēršus, avis un baložus tiem, kas nāca Jeruzalemes templī uz Pashu. Jēzus bija tik lēnprātīgs; Viņš ne ar vienu nestrīdējās, nekliedza un neviens nedzirdēja Viņa balsi uz ielas. Bet ieraugot šo skatu, Viņš uzvedās pavisam savādāk, ne tā kā parasti.

Izgatavojis pletni no virvēm, Viņš izdzina aitas, vēršus un citus dzīvniekus, kas bija paredzēti priekš upurēšanas. Viņš apgāza galdus naudas mainītājiem un baložu pārdevējiem. Tie, kas redzēja Jēzu tādu, nodomāja, ka viņš sadusmojies uz viņiem. Bet minētajā gadījumā, Viņa dusmas nebija izraisījušas tādas nepatikas jūtas, kā ienaids. Tās bija taisnīgas dusmas. Un ar savām taisnīgajām dusmām Viņš deva mums saprast, ka nedrīkst pacietīgi attiekties pret tempļa apgānīšanu. Tamlīdzīgas taisnas dusmas – tā ir mīlestības pret Dievu izpausme, Kurš pilnīgs Savā taisnīgumā.

## Starpība starp taisnīgām dusmām un ļaunumu.

Marka Evaņģēlija 3. nodaļā stāstīts par to, kā Sabatā Jēzus sinagogā dziedināja cilvēku ar nokaltušu roku. Ļaudis vēroja Jēzu, vai Viņš nedziedinās šo cilvēku Sabatā, lai apsūdzētu Viņu Sabata pārkāpšanā. Un Jēzus, zinot ļaužu sirdis, teica viņiem: „Vai ir briv sabatā labu darīt vai ļaunu darīt, dvēseli glābt vai maitāt?" (Marka 3:4).

Viņu nodomi bija atklāti, un tiem nebija nekas, ko vairāk pateikt. Jēzus dusmas bija vērstas pret viņu nocietinātajām sirdīm.

„Un Viņš tos uzlūkoja visapkārt ar dusmību, viņu sirds cietības dēļ noskumis, Viņš tam cilvēkam saka: Izstiep savu roku! Un tas to izstiepa, un viņa roka kļuva atkal vesela," (Marka, 3:5).

Tajā laikā ļauni cilvēki tikai arī meklēja iemeslu, lai apsūdzētu Jēzu un Viņu nogalinātu, lai arī Viņš darīja tikai labus darbus. Tādēļ Jēzus reizēm skarbi izteicās par viņiem. Viņš to darīja priekš tam, lai viņi noietu no ceļa, kurš ved tos uz pazušanu. Tā ka Jēzus taisnīgās dusmas nāk no Viņa mīlestības. Šīs taisnīgās dusmas atmodina ļaudis un dod tiem dzīvību. Skaišanās un taisnīgas dusmas – tās ir pavisam dažādas lietas. Tikai tad, kad pats cilvēks kļūst sirdsšķīsts un viņā vispār nav nekāda grēka, viņa pārmetumi un atmaskošanas dod citām dvēselēm dzīvību. Taču bez sirdsšķīstas sirds viņš nevarēs pienest tādu augli.

Cilvēki var dusmoties dažādu iemeslu dēļ. Pirmkārt, tādēļ ka viņiem atšķiras uzskati un viņiem nesakrita vēlmes. Cilvēki atšķiras cits no cita ar savu izcelšanos, izglītību, tādēļ visiem mums dažādas sirdis, domas un spriešanas standarti. Cenšoties piespiest pārējos atbilst mūsu personīgiem ideāliem, mēs radām dusmas un aizvainojumu.

Pieņemsim, ka vīrs mīl labi sasālītu ēdienu, bet sievai tas nepatīk. Un sieva var žēloties: „Pārāk daudz sāls nav labi veselībai, tev jāēd mazāk sāls." Viņa to iesaka, rūpējoties par vīra veselību. Bet ja vīram tā negribas, tad viņai labāk neuzstāt. Viņiem labāk paieties cits citam pretim, atrast kompromisu. Laimīgu ģimeni var radīt tikai ar kopīgām pūlēm.

Otrkārt, cilvēks var sadusmoties, ja apkārtējie viņu neklausa. Ja cilvēks gados vecāks vai ieņem augstāku pozīciju, tad viņš grib, lai apkārtējie klausītu viņam. Protams, ka cienīt vecākos un paklausīt tos, kas pēc hierarhijas ieņem vadošo augstāku stāvokli,- tas ir pareizi. Nepareizi kas cits: vecākajiem un vadītājiem nav jāpiespiež tos, kas jaunāki par viņiem vai atrodas zemākā pozīcijā, pakļaujoties tiem.

Daži vadītāji pavisam nerēķinās ar saviem padotajiem un pieprasa no tiem tikai bezierunu paklausību viņu norādījumiem. Ir gadījumi, kad cilvēki dusmojas, nesot zaudējumus vai ciešot no netaisnīgas attieksmes pret sevi. Bez tam, kāds var sadusmoties, ja viņam netaisnīgi dara pāri, ja kaut kas nebija izdarīts tā, kā viņš prasījis vai skaidrojis, vai ja viņu apvaino un nolād.

Vēl pirms tam, kad cilvēki iekarsa dusmās, viņu sirdīs jau bija ļaunuma jūtas. Citu cilvēku vārdi vai rīcība tikai stimulēja šīs jūtas. Un rezultātā, tās vienkārši izšļakstījās ārā dusmu veidā. Parasti, ļaunuma esamība sirdī – tas ir dusmu pirmais iemesls. Mēs nevarēsim atrasties Dieva mīlestībā un sadursimies ar nopietniem šķēršļiem savā garīgajā izaugsmē, ja mēs dusmojamies.

Mēs nevaram izmainīt sevi ar patiesības palīdzību, kamēr mūsos ir sašutuma jūtas. Mums jāatbrīvojas no aizkaitinājuma un dusmīguma. 1, vēstule Korintiešiem 3:16, teikts: „Vai jūs nezināt, ka jūs esat Dieva nams, un ka Dieva Gars jūsos mājo?"

Patiešām sapratīsim, ka Svētais Gars uzskata mūsu sirdi par templi un, ka Dievs pastāvīgi vēro mūs, un tādēļ nav vērts dusmoties, ja kaut kas nesakrīt ar mūsu personīgajām idejām.

## Ar dusmām cilvēks nesasniegs Dieva taisnību.

Pravietis Elīsa saņēma divas reizes vairāk garīgu dāvanu, par tām, cik to bija viņa skolotājam Elijam. Viņš parādīja vēl varenākus Dieva spēka darbus. Viņš atnesa neauglīgai sievietei bērna ieņemšanas svētību; viņš atdzīvināja mirušo, dziedināja spitālīgo, nesa sakāvi ienaidnieka armijai. Viņš attīrīja ūdeni, kas nebija derīgs dzeršanai, iemetot tajā nedaudz sāls. Un tomēr, neskatoties uz to, viņš nomira no slimības, kas bija neparasti priekš liela Dieva pravieša.

Kas varēja tam būt par iemeslu? Viss sākās tad, kad viņš gāja uz Bēteli. Grupa mazu bērnu iznāca no pilsētas. Un tie sāka apsmiet viņu, tādēļ ka uz viņa galvas nebija daudz matu un izskatījās viņš ne visai pievilcīgi: „Nāc augšā, plikgalvi! Nāc augšā, plikgalvi!" (Otrā Ķēniņa 2:23). Viņu bija nevis divi – trīs. Puiku bija daudz. Viņi ņirgājās par Elīsu un apkaunoja viņu. Viņš ieteica viņiem to nedarīt, rāja viņus, bet viņi neklausījās. Viņi bija ļoti stūrgalvīgi un nostādīja pravieti grūtā stāvoklī. Un situācija kļuva priekš Elīsas neizturama.

Pēc nācijas sadalīšanas Bētele kļuva par elku pielūgsmes centru Ziemeļu Izraēlā. Vietējiem bērniem, kas izauguši elku pielūgsmes atmosfērā, sirdis bija redzami nocietinātas. Viņi varēja aizšķērsot Elīsam ceļu, spļaut uz viņu un pat mest uz viņu akmeņus. Rezultātā Elīsa viņus nolādēja. Un tad divas lāču mātes, iznākušas no meža, saplosīja 42 bērnus.

Protams, ka viņi paši izsauca uz sevi nelaimi, nežēlīgi izsmejot Dieva cilvēku, tomēr, tas parāda, ka arī pašā Elīsā bija cietsirdības jūtas. Un tam ir attieksme pret viņa slimības faktu. Kā mēs redzam Dieva bērniem nav jāskaišas. „Jo cilvēka dusmas nesagādā Dieva taisnību," (Jēkaba vēst. 1:20).

## Lai nedusmotos.

Ko gan mums darīt, lai nedusmotos? Vai gan mums jāapspiež dusmas ar paškontroles palīdzību? Jo stiprāk mēs nospiedīsim atsperi, jo ar lielāku spēku tā iztaisnosies, kad mēs roku noņemsim. Tas pats notiek arī ar dusmām. Ja mēs vienkārši apspiežam tās, tad mēs varam kaut kādā momentā izvairīties no konflikta, bet agri vai vēlu mēs vienalga nesavaldīsimies. Tādēļ, lai neskaistos, mums jāatbrīvojas no dusmām. Nav vērts vienīgi apspiest tās; mums jāaizvieto dusmas ar labvēlību un mīlestību, bet nevis vienkārši tās jāapspiež sevī.

Jūs, protams, nevarat gaidīt, ka labestība un mīlestība atnāks, lai nomainītu dusmas vienā stundā. Mums pastāvīgi dienu pēc dienas, jāvelta tam pūles. Vispirms situāciju, kura provocē aizkaitinājumu jāatdod Dievam un jābūt pacietīgam. Pētījumos par Tomu Džefersonu – trešo Savienoto Štatu prezidentu, var atrast tādu izteicienu: „Kad dusmojaties, pirms runāt, noskaities līdz desmit; ja jūs esat ļoti dusmīgi, tad līdz simtam." Bet Korejā runā: „Trīsreiz parādot pacietību, var apturēt slepkavību."

Kad mēs dusmojamies, mums jāapstājas un jāpadomā par to, kādu labumu atnesīs mūsu dusmas. Tad mēs neizdarīsim to, no kā vēlāk būs jākaunas un par ko būs jānožēlo. Ja mēs sāksim lūgties un parādīt pacietību, tad Svētais Gars palīdzēs mums ātrāk atbrīvoties no dusmām, un dusmu pilnām izpausmēm. Ja agrāk mēs dusmojāmies desmit gadījumos no desmit, tad pakāpeniski dusmas sāks norimt. Tās parādīsies deviņos gadījumos no desmit, pēc tam astoņos no tā tālāk. Rezultātā, mēs nezaudēsim mieru pat situācijā, kura provocē aizkaitinājumu. Cik gan mēs tad būsim laimīgi!

Salamana pamācībās 12:16, teikts: „Bezprātīgais tūliņ izrāda atklāti savas dusmas, bet, kas apslēpj to, ka ir apkaunots, tas ir gudrs," un Salamana pamācībās 19:11, rakstīts: „Cilvēks, kas šo to pacieš, ir gudrs, un viņam nāk par godu, ka kādu pārkāpumu viņš var arī nepamanīt."

„Dusmas" – tas kā pirmais burts „b", ar kuru sākas vārds „bīstami." Mums jāsaprot, pie kādas bīstamības pieved dusmas.

Gala rezultātā uzvara būs pie tiem, kas māk pieciest. Daži cilvēki, pat pie tā, ka viņos kaut kas izraisa dusmas, māk kontrolēt sevi, kad viņi atrodas baznīcā. Toties, atnākot mājās vai atrodoties darbā, viņi ļoti ātri zaudē paškontroli. Un, starp citu, Dievs ir ne tikai baznīcā.

Viņš zina, kad mēs sēžam un ceļamies. Viņš dzird katru vārdu, ko mēs sakām, zina visas mūsu domas. Viņš vēro mūs visur, un Svētais Gars mājo mūsu sirdī. Tādēļ mums jādzīvo tā, it kā mēs visu laiku stāvētu tieši Dieva priekšā.

Viens laulāts pāris kādreiz sastrīdējās, un vīrs dusmās sāka kliegt uz savu sievu, pieprasot, lai viņa aizvērtu savu muti. Sieva pēc tāda pārdzīvota šoka, līdz pat pašai nāvei vairāk neizrunāja ne vārda. Vīrs, kas izšļāca uz viņu visas savas dusmas, tāpat kā arī viņa sieva, pēc tam pārdzīvoja daudz ciešanu. Mūsu aizkaitinātība var padarīt daudzus cilvēkus nelaimīgus, tādēļ mums jāpieliek visas pūles pie tā, lai atbrīvotos no dusmām.

## 9. Mīlestība nedomā ļaunu

Savā kalpošanā es bieži esmu saticies ar pašiem dažādākajiem cilvēkiem. Kādiem no tiem domas par Dieva mīlestību, par Pašu Dievu izsauc noteiktu emocionālu pārdzīvojumu, un viņi var pat apraudāties, tad kā citiem sirdī – pastāvīgs nemiers, tādēļ ka viņi nav iepazinuši Dieva mīlestības dziļumus, kaut gan viņi, gan tic Dievam, gan mīl Viņu.

No tā, kādā pakāpē mēs sajūtam Dieva mīlestību, atkarīga arī mūsu tieksme atbrīvoties no grēkiem un ļaunuma. Tādā pat mērā, kādā mēs dzīvojam pēc Dieva Vārda, un attīrām savu sirdi no grēkiem, mēs sajūtam Dieva mīlestību savā sirdī, un mēs varam augt ticībā, neapstājoties. Nav izslēgts, ka savā staigāšanā ticībā mēs reizēm sadursimies ar grūtībām, taču mums jāatceras par Dieva mīlestību, Kurš visu laiku gaida mūs. Atceroties par Viņa mīlestību, mēs nespēsim domāt par ļauno.

Domāt ļaunu.

Savā grāmatā "Apslēpto atkarības formu dzīvē dziedināšana" dr. Arčibalds D. Harts, kādreizējais psiholoģijas skolas pasniedzējs Fulerovas evaņģelizācijas seminārā, teica, ka Amerikā katram ceturtajam jaunietim ir – nopietna depresija; šī depresija, kopā ar narkotikām, seksu, internetu, alkohola lietošanu un smēķēšanu posta jauniešu dzīves.

Kā tikai atkarīgie ļaudis pārstāj lietot alkoholu vai narkotikas, kuras kropļo viņu domāšanu, jūtas un uzvedību, viņi nespēj tikt galā ar grūtībām. Narkomāns vai alkoholiķis var izvēlēties arī citu formu atkarības, kuras ar ķīmijas sastāvu pārvaldīs viņa smadzeņu stāvokli, lai aizbēgtu no realitātes. Tādas atkarību formas var būt sekss, mīlestība un attiecības ar kādu. Viņi jau vairs ne no kā nevar saņemt apmierinājumu, viņi nevar justies labi un nevar būt priecīgi, kā to dod attiecības ar Dievu un pēc dr. Hārta domām, tā ir ļoti nopietna slimība. Atkarība – tā ir tieksme saņemt apmierinājumu no vienalga kā, tikai ne no svētības un prieka, ko dāvā Dievs, un tā rezultāts Dieva ignorēšana. Ļaunums ir pastāvīgi klātesošs atkarīgo cilvēku domās.

Ko nozīmē – „domāt ļaunu?" Tas nozīmē – domāt par nekrietnām lietām, kuras ir pretrunā Dieva gribai. Kopā ņemot, ļaunums domās var dalīties trīs kategorijās.

Pirmkārt, savās domās jūs vēlat nepatikšanas citiem cilvēkiem.

Pieņemsim, ka jums ar kādu izcēlies strīds. Pēc tā jūs sākat viņu neieredzēt tik ļoti, ka jums ienāk prātā domas, līdzīgas šai: „Es vēlu viņam aizķerties un pakrist." Pieņemsim, ka jums ne visai labas attiecības ar kaimiņu, un ar viņu noticis kaut kas slikts. Un tad jūs esat spējīgi nodomāt: „Lūk, tā viņam arī vajag," vai: „Es zināju, ka tā notiks." Bet studentu vidē kāds var novēlēt savam kursa biedram izkrist eksāmenā.

Ja jūs esat piepildīti ar patiesu mīlestību, tad jūsu domās nekad nebūs ļaunuma. Vai tad jūs, vēlēsieties, lai dārgs priekš jums cilvēks saslimtu vai iekļūtu avārijā? Jūs vienmēr gribēsiet, lai jūsu mīļotā sieva vai jūsu mīļotais vīrs būtu veseli un pasargāti no nelaimes gadījumiem. Bet, kad mūsu sirdī nav mīlestības, mēs vēlam citiem nepatikšanas un priecājamies par viņu nelaimēm.

Kad mūsos nav mīlestības, mums gribas uzzināt par citu ļaužu kļūdām un vājībām, lai pēc tam izstāstītu par tām vēl kādam. Pieņemsim, ka jūs piedalījāties apspriedē, kurā tika runāts kaut kas negatīvs par citu cilvēku. Ja jūs interesē tamlīdzīgas runas, tad jums jāpārbauda sava sirds. Pieņemsim, ka kāds sāktu apmelot jūsu vecākus, vai jūs sāktu viņu klausīties? Jūs tūlīt pat apturētu viņu.

Protams, ir tādi gadījumi, kad jums jāzina visas šīs situācijas detaļas, lai cilvēkiem palīdzētu. Bet ja tas nav šis gadījums, bet jums vienkārši interesanti klausīties, kad par kādu tenko, tad jūsos slēpjas vēlme izplatīt apmelojumus un tenkas par cilvēkiem. „Kas nosedz un noslēpj grēku, tas rada draudzību, bet, kas šādu lietu no jauna paceļ, tas rada nesaskaņu draugos," (Salamana pamācības 17:9).

Tie, kas labestīgi un kuru sirdis piepildītas ar mīlestību, tie centīsies apklāt cita pārkāpumus. Esot ar garīgu mīlestību, mēs nesāksim izjust greizsirdību un skaudību tikai tādēļ, ka kāds cits dzīvo lielākā labklājībā nekā mēs paši. Mēs novēlēsim viņam veiksmi un apkārtējo mīlestību. Arī Kungs Jēzus lika mums mīlēt pat savus ienaidniekus. Vēstulē Romiešiem 12:14, teikts: „Svētījiet tos, kas jūs vajā, svētījiet un nenolādiet."

Otrkārt, ļaunums domās izpaužas citu tiesāšanā un nosodīšanā.

Pieņemsim, ka jūs ieraudzījāt ticīgo, kurš iet tur, kur ticīgajiem neklājas iet. Kādas domas jums rodas šajā gadījumā? Ja jūsos ir ļaunums, tad jūsu domas būs negatīvas un jūs nodomāsiet: „Kā viņš var tā rīkoties?" Cilvēki, kuros ir kaut nedaudz labais, arī var sākumā pabrīnīties: „Kāpēc viņš staigā pa tādām vietām?" – bet pēc pat viņi sevi apturēs un padomās: „Laikam viņam ir kādi iemesli, lai tā darītu."

Bet, ja jūsu sirdī ir garīgā mīlestība, tad jums jau no paša sākuma neradīsies nekādu sliktu domu. Pat, ja jūs sadzirdēsiet kaut ko ne visai patīkamu par cilvēku, jūs nesāksiet tiesāt un nosodīt viņu, nepārbaudījuši faktus. Kā vecāki vairumā gadījumu reaģē, kad dzird kaut ko sliktu par saviem bērniem? Viņi nevar tam piekrist; viņi uzstāj uz to, ka viņu bērni neko tamlīdzīgu nevarēja izdarīt. Vecāki, visdrīzāk, uzskatīs par sliktu to cilvēku, kas apsūdzēja viņu bērnus. Ja jūs patiešām kādu mīlat, tad jūs domāsiet par viņu tikai labu.

Taču šodien mēs bieži redzam cilvēkus, kuri domā un atsaucas slikti par citiem ar lielu vieglprātību. Līdzīgi notiek ne tikai personīgās attiecībās ar citiem cilvēkiem. Viņi tāpat kritizē tos, kuri ieņem redzamu stāvokli sabiedrībā.

Viņi, pat necenšoties ieraudzīt pilnu attēlu tam, kas noticis, izplata nepamatotas tenkas. Ļaunie komentāri internetā pieved pie tā, ka kādi cilvēki izdara pašnāvības. Cilvēki tiesā un par kaut ko apsūdz ne pēc Dieva Vārda, bet izejot no pašu standartiem. Bet kāda tad ir Dieva labā griba?

Jēkaba vēstule 4:12, mums atgādina: „Viens ir likuma devējs un soģis, kas var glābt un pazudināt, bet kas tu tāds esi, tu kas tiesā savu tuvāko?"

Tiesāt var tikai Dievs. Bet Dievs mums saka, ka tiesāt tuvāko – tas ir grēks. Pieņemsim, ka kāds izdarījis kļūdu. Priekš cilvēkiem ar garīgo mīlestību nebūs nozīmes – vai tas cilvēks rīkojas pareizi vai nepareizi. Viņi vienalga domās tikai par to, kas patiešām var nākt par labu priekš cilvēka. Tādēļ, ka viņi domā tikai par to, lai šī cilvēka dvēsele gūtu sekmes un lai viņu mīlētu Dievs.

Vēl vairāk, pilnīgā mīlestība apklāj ne tikai izdarītos grēkus, bet arī palīdz citiem cilvēkiem nožēlot tos. Mums jāmāk pamācīt cilvēkus patiesībā, noskaņot viņu sirdis pret mums labvēlīgi, lai viņi varētu iet pa pareizu ceļu un mainīties. Ja mēs esam apveltīti ar garīgo mīlestību, tad mums nenāksies tērēt pūles tam, lai attiektos pret citiem cilvēkiem ar labestību. Mēs mīlēsim pat tos, kas izdarījuši daudz grēku. Mēs nepārstāsim uzticēties tādiem cilvēkiem un palīdzēsim viņiem. Ja jums nebūs nosodošas vai tiesājošas domas, tad jūs būsiet laimīgi, lai arī ko jūs nesatiktu savā ceļā.

Pie trešās kategorijas attiecas visas domas, kas nesakrīt ar Dieva gribu.

Grēcīgas ir ne tikai domas, kas nosoda citus, bet arī visas domas, kuras nesakrīt ar Dieva gribu. Šajā pasaulē labi skaitās tie cilvēki, kuri dzīvo pēc morāles standartiem un saskaņā ar savu sirdsapziņu.

Taču ne morāle, ne sirdsapziņa nevar būt absolūts labā standarts. Gan morālē, gan sirdsapziņā var būt tādas lietas, kas pilnībā ir pretrunā ar Dieva Vārdu. Un vienīgi Dieva Vārds var būt absolūts labā standarts.

Tie, kas pieņem Kungu, ar savu muti atzīst, ka viņi grēcinieki. Parasti, ļaudis lepojas ar to, ka viņi dzīvo kārtīgu un godīgu dzīvi, bet tomēr, Dieva Vārds saka, ka viņi vienalga ir grēcinieki. Tādēļ ka viss, kas neatbilst Dieva Vārdam ir ļaunums un grēks, un vienīgi Dieva Vārds – absolūts labā standarts (1. Jāņa vēst. 3:4).

Kāda tad atšķirība starp grēku un ļaunumu? Plašākā izpratnē grēks un ļaunums – tie ir meli, pretstatā patiesībai, kura ir Dieva Vārds. Gan grēks, gan ļaunums – tumsas izpausme, kas saceļas pret Dievu, Kas ir Gaisma.

Bet, ja ietu dziļāk, detaļās, tad kļūst skaidrs, ka grēks un ļaunums – pavisam dažādas lietas. Ja iedomāsimies koku, tad „ļaunums" - tās ir saknes, kuras atrodas zemē, un tās nav redzamas, bet grēks – tie ir zari, lapas un augļi.

Kokam bez saknēm nebūs zaru, lapu un augļu. Tieši tāpat grēks rodas, tāpēc ka ir ļaunums. Ļaunums – tā ir cilvēka sirds īpašība. Tas ir pretstats labajam, mīlestībai un Dieva patiesībai. Kad tamlīdzīgs ļaunums atklājas noteiktā formā, tad to jau sauc par grēku.

Jēzus teica: „Labs cilvēks no savas labās sirds krājuma izdod labu, un ļauns cilvēks no savas ļaunās sirds krājuma izdod ļaunu. Jo no sirds pārpilnības mute runā," (Lūkas 6:45).

Pieņemsim, ka kāds cilvēks, neieredzot citu, dara pāri viņam ar saviem vārdiem. Tas ir piemērs tam, kā ļaunums sirdī atklājas nīšanas un sliktu vārdu veidā, un tie jau ir pilnīgi konkrēti grēki.

Grēks tiek apzināts, un tam tiek dots definējums pamatojoties uz standartu, kurš saucas Dieva Vārds un, kas ir priekš mums bauslis.

Bez likuma neviens nevienu nevar tiesāt, tādēļ ka nav standarta, lai atklātu pārkāpēju un viņu tiesātu. Tieši tāpat atklājas arī grēks, jo tas ir pretrunā ar Dieva Vārdu. Grēks var būt sadalīts uz miesīgiem nodomiem un uz miesīgiem darbiem. Miesīgie nodomi – tie ir grēki, kas darīti sirdī un domās. Tam piemēri var būt dusmas, skaudība, greizsirdība, laulības pārkāpšana domās. Bet miesīgi darbi – tie ir grēki, kas darīti darbos. Piemērs tādiem darbiem var būt strīdi, skandāli vai slepkavības.

Grēki un noziegumi šajā pasaulē arī dalās dažādās kategorijās. Piemēram, atkarībā no tā, kāds tieši noziegums bija izdarīts, to var attiecināt uz noziegumu vai nu pret valsti, vai pret tautu vai pret personu.

Bet pat ja cilvēka sirdī ir ļaunums, tas vēl nenozīmē, ka viņš noteikti izdarīs grēku. Ja viņš mācās Dieva Vārdu un var sevi kontrolēt, tad viņam izdosies izvairīties no grēcīgiem darbiem pat pie tā, ka viņa sirdī ir ļaunums. Šajā etapā viņš sajutīs apmierinājumu, jo viņam liksies, ka viņš jau kļuvis sirdsšķīsts, jo viņam izdodas nedarīt atklātus grēkus.

Taču priekš tā, lai kļūtu pilnībā svēts, mums jāatbrīvojas no ļaunuma, kas apslēpts dziļi mūsu sirdī. Cilvēka dabā ielikts ļaunums, kuru viņš manto no saviem vecākiem. Parasti ordinārā situācijā tas neparādās, tas parādās atklātībā ekstremālos apstākļos.

Korejieši saka: „Pabadojies trīs dienas, jebkurš pārlēks pār kaimiņa sētu." Citiem vārdiem sakot, „vajadzība nerēķinās ar likumu." Līdz tam laikam kamēr mēs nebūsim pilnībā sirdsšķīsti, mūsos apslēptais ļaunums var parādīties ekstremālā situācijā.

Lai cik mazi nebūtu mušu ekskrementi, tie vienalga – ekskrementi. Viss, kas nav pilnīgs Dieva acīs, - tas ir ļaunums, pat ja grēks vēl nav bijis izdarīts. Lūk, kāpēc 1. vēstulē Tesaloniķiešiem 5:22, teikts: „Atraujaties no visa, kas ļauns."

Dievs ir Mīlestība. Īstenībā visi Dieva baušļi ir koncentrēta mīlestības izpausme. Tātad – nemīlestība – tā ir ļaunuma un bezdievības izpausme. Tādā veidā, lai pārbaudītu, vai mēs nedomājam ļaunu, mēs varam padomāt par to, cik mīlestības ir mūsos pašos. Mūsu domas būs brīvas no ļaunuma tādā pakāpē, kādā mēs mīlam Dievu un citas dvēseles.

„Bet šis ir Viņa bauslis, lai mēs ticam Viņa Dēla Jēzus Vārdam un mīlam cits citu, kā Viņš mums pavēlējis," (1. Jāņa vēst. 3:23).

„Mīlestība tuvākajam ļaunu nedara, tātad bauslības piepildījums ir mīlestība," (Vēst. Romiešiem 13:10).

## Lai nedomātu ļaunu.

Lai nedomātu ļaunu, jums vispirms nav jāskatās vai jāklausās tas, kas nes sevī ļaunumu. Ja mums pēkšņi nāksies sadzirdēt kaut ko tamlīdzīgu, tad mums nav jāiegaumē šo informāciju, vai domās pie tās no jauna jāatgriežas. Nav vērts censties to atcerēties. Ja mēs domāsim par to, tad galvā mums radīsies attiecīgas domas. Bet ja mēs turpināsim pūlēties, lūgsimies par to, lai nebūtu mūsu domās ļaunuma, tad Svētais Gars mums tajā palīdzēs. Mums nav tīšām jāskatās, jāklausās vai jādomā par to, kas nes sevī ļaunumu, un mums nav jāpieļauj tamlīdzīgas domas pat uz mirkli.

Mums nav jāpiedalās nekādās ļaundarībās. 2. Jāņa vēstulē 1:10-11, teikts: „Ja kāds nāk pie jums un nesludina šo mācību, tad neuzņemiet viņu savās mājās un nesveiciniet viņu. Jo kas viņu sveicina, ņem dalību viņa ļaunajos darbos." Dievs iesaka mums izvairīties no ļauna un nepiekrist tam.

Grēcīgā daba tiek nodota tālāk ļaudīm mantojumā. Dzīvojot šajā pasaulē, cilvēki saskaras ar daudzām nepatiesības izpausmēm. Grēcīgā daba kopā ar nepatiesību,- tas ir pamats uz kura formējas personīgais cilvēka „es." Kristīgā dzīve – tas ir ceļš, lai novērstos no grēcīgās dabas un nepatiesības, un šis ceļš sākas no momenta, kad mēs pieņemam Kungu. Lai atbrīvotos no grēcīgās dabas un no nepatiesības, mums būs vajadzīga liela pacietība. Tā kā mēs dzīvojam šajā pasaulē, tad mēs vairāk pazīstam nepatiesību, nekā patiesību. Piekrist nepatiesībai un to pieņemt ir daudz vieglāk, nekā atbrīvoties no tās. Baltu kleitu, piemēram, ļoti viegli sasmērēt ar melnu tinti, bet pēc tam būs ļoti grūti atbrīvoties no traipiem tā, lai kleita atkal kļūtu balta.

Un vēl: lai cik mazs mums liktos ļaunums, tas ļoti ātri palielinās mērogos. Par to Vēstulē Galatiešiem 5:9, rakstīts: „Nedaudz rauga, saraudzē visu mīklu," tā arī ļaunais, tas pat mazās devās, var skart daudz cilvēkus. Lai mūsu nodomos nebūtu ļaunuma, mums vajag neieredzēt ļauno, lai pat tas tikai uz sekundi pazibējis mūsu domās. Kungs pavēlējis mums: „Jūs, kas To KUNGU mīlat, ienīstiet ļauno...!" (Psalmi 97:10); Viņš māca mums to, ka „bijība Tā KUNGA priekšā ienīst ļauno," (Salamana pamācības 8:13).

Ja jūs kaislīgi mīlat kādu, tad jums patiks viss tas, kas patīk jūsu mīļotajam un nepatiks tas, kas nepatīk viņam. Un nav obligāti, lai jums priekš tā būtu personiski iemesli. Kad Dieva bērni, saņēmuši dāvanā Svēto Garu, grēko, tad Svētais Gars viņos cieš. Tādēļ savā sirdī viņi jūt bēdas. Pēc tam, viņi sāk saprast, ka Dievs neieredz to, ko viņi dara, un cenšas vairāk negrēkot. Ļoti svarīgi atbrīvoties pat no pašām mazākajām ļaunuma formām un vairāk nekrāt sevī ļauno.

### Dieva Vārda un lūgšanu krājumi.

No dusmām nav nekāda labuma. Salamana pamācībās 22:8, teikts: „Kas netaisnību sēj, tas bēdas pļaus..." Mēs paši vai mūsu bērni var saslimt, ar mums var notikt nelaime. Mūsu dzīve var būt bēdīga no nabadzības un ģimenes problēmām. Visu šo problēmu avots, beigu beigās ir ļaunums.

„Nepievīļaties, Dievs neļaujas apsmieties! Jo, ko cilvēks sēj, to viņš arī pļaus," (vēst. Galatiešiem 6:7).

Protams, nepatikšanas var rasties piepeši. Kad ļaunums sakrājas un nonāk līdz noteiktam līmenim, tad arī rodas problēmas, kuras vēlāk var skart pat mūsu bērnus. Un pasaules ļaudis, nesaprotot šos likumus, dara visdažādākos ļaunos darbus.

Piemēram, viņiem pieņemts atriebties tiem, kas viņiem ko sliktu izdarījuši. Salamana pamācībās 20:22 teikts: „Nesaki: „Es atriebšu ļaunu! Cerē uz To KUNGU Viņš tev palīdzēs."

Dievs kontrolē dzīvību, nāvi, laimi un cilvēka neveiksmes saskaņā ar Savu taisnīgumu. Taču, ja mēs darām pareizus darbus, atbilstošus Dieva Vārdam, tad mēs noteikti pļausim labus augļus. Dievs mums to apsola 2. Mozus grām., 20:6, kur rakstīts: „... un dara žēlastību līdz tūkstošajam augumam tiem, kas Mani mīl un tur

Manus baušļus."

Lai pasargātu sevi no ļaunuma, mums jāienīst ļaunais. Un pats galvenais, mums vienmēr rezervē jābūt divām lietām. Tas ir - Dieva Vārds un lūgšanas. Kad mēs domājam par Dieva Vārdu gan dienu, gan nakti, tad mēs varam attālināt ļauno no savām domām un domāt par labām un garīgām lietām. Mēs spēsim saprast, kādi mūsu darbi kļūs par patiesas mīlestības pierādījumu.

Kad mēs lūdzamies, mēs vēl vairāk iedziļināmies Vārdā un tad varam atpazīt ļauno savos vārdos un darbos. Karsti lūdzoties, mēs ar Svētā Gara palīdzību mācēsim ņemt zem kontroles ļauno savā sirdī un beigu beigās atbrīvoties pilnībā no tā. Mudinu jūs, cik iespējams ātrāk attīrīsimies no ļauna pēc Dieva Vārda un lūgsimies, lai mūsu dzīve būtu laimes piepildīta.

## 10. Mīlestība nepriecājas par netaisnību

Jo vairāk attīstīta sabiedrība, jo vairāk tā rada iespējas, lai godīgi cilvēki gūtu panākumus. Un otrādi, jo mazāk attīstīta valsts, jo spēcīgāk tur attīstīta korupcija, un tajās visi jautājumi tiek risināti ar naudu. Korupciju sauc par valsts slimību, jo tā bremzē valsts uzplaukumu. Korupcija un netaisnība tāpat daudzos veidos ietekmē arī šīs valsts pilsoņu dzīvi. Savtīgi cilvēki nav spējīgi saņemt patiesu apmierinājumu, un tādēļ viņi domā tikai par sevi un nav spējīgi mīlēt vēl kādu.

Izpratne par „nepriecāties par netaisnību" un „nedomāt ļaunu" daudzviet sakrīt cita ar citu. „Nedomāt ļaunu," lai neviens neciestu, - nozīmē vispār būt bez ļaunuma savā sirdī. „Nepriecāties par netaisnību" – nozīmē nepriecāties redzot piedauzīgus darbus, nepiedienīgu rīcību vai uzvedību un nepiedalīties tajos.

Pieņemsim, ka jūs apskaužat savu bagāto draugu. Viņš nepatīk jums arī tā iemesla dēļ, ka jums liekas, viņš pastāvīgi lielās ar savu bagātību. Un mūsu galvā parādās lūk, tādas domas: „Viņš ir tik bagāts, bet ko es? Es ceru, ka viņš nobankrotēs." Tas arī ir piemērs tam, kā var „domāt ļaunu." Un, lūk, vienreiz kāds piemānīja šo cilvēku, un viņa kompānija izputēja. Šajā gadījumā, ja jūs ar apmierinājumu padomāsiet: „Viņš tā lielījās ar savu bagātību, tā viņam arī vajag!"- tad tas nozīmē, ka jūs priecājaties par nepatiesību. Bet ja jūs personīgi esat pielikuši roku pie tā, lai tas notiktu, tad tas nozīmē, ka jūs atbalstot ar darbiem priecājaties par netaisnību.

Tādu rīcību uzskatītu par nelietīgu pat neticīgie. Daži cilvēki, piemēram, sarauš sev bagātību negodīgā veidā, piekrāpjot apkārtējos vai draudot tiem. Kāds var pārkāpt noteikumus vai valsts likumus, lai iegūtu personīgu izdevīgumu. Ja tiesnesis lemj netaisnīgu spriedumu, saņēmis kukuli, un rezultātā ne pie kā nevainīgs cilvēks cieš sodu, tad tas – pārkāpums jebkura cilvēka acīs. Tā ir esošās tiesneša varas ļaunprātīga izmantošana.

Kaut ko pārdodot, daži reizēm var piemānīt pircēju attiecībā uz svaru vai preces kvalitāti. Tādi pārdevēji, dēļ savas nepiepildāmās mantkārības, var izmantot arī zemas kvalitātes izejvielas. Viņi nedomā par citiem, tādēļ ka tos interesē tikai viens – kā pēc iespējas ātrāk saņemt ienākumus. Viņi zina, kā jārīkojas pēc likuma, bet, tomēr, nekautrējoties, piekrāpj ļaudis, un viņi pilnībā iepriecināti par negodīgo naudu. Par nožēlu, īstenība tāda, ka ļoti daudzi cilvēki piemāna citus, un to darot saņem negodīgus līdzekļus. Un kā ar mums? Vai gan mēs varam teikt par sevi, ka esam absolūti tīri?

Tagad iedomāsimies sev tādu situāciju. Jūs strādājat administratīvo darbu un pēkšņi uzzināt, ka viens no jūsu tuviem draugiem negodīgā veidā pelna naudu. Ja viņu pieķers, tad viņu gaida bargs sods; un, lūk, šis draugs dod jums lielu naudas summu apmaiņā pret to, ka kādu laiku jūs klusēsiet un pievērsiet acis uz to, ko viņš dara. Tieši tajā laikā jūsu ģimene nokļuvusi grūtā finansiālā stāvoklī, un nauda jums ļoti vajadzīga. Kā jūs tad rīkotos?

Vai iedomāsimies citu situāciju. Kādu reizi pārbaudot savu bankas rēķinu, jūs ieraugāt, ka tur naudas vairāk, nekā jūs domājat. Jūs uzzināt, ka nauda, kuru jūs pārskaitījāt, lai nomaksātu nodokļus nebija noņemta. Kā jūs uz to reaģēsiet? Vai jūs priecāsieties domājot, ka beigu beigās tā ir viņu kļūda, un tādēļ nenesat par to atbildību?

Otrā Laiku grāmatā 19:7, teikts: „Tad nu lai Tā KUNGA bijāšana ir dzīva jūsos! Turiet svētu to un dariet savu darbu, jo pie Tā KUNGA mūsu Dieva, nav nekādas netaisnības, nedz Viņš uzlūko kāda cilvēka vaigu, nedz arī saņem kādas dāvanas." Dievs ir taisnīgs un Viņā nav nekādas nepatiesības. Mēs varam noslēpties no ļaužu acīm, bet nevaram piemānīt Dievu. Tādēļ, esot ar bijību Kunga priekšā, mums jāizvēlas godīgi, pareizi ceļi.

Ņemsim par piemēru Ābrahāmu. Kad viņa brāļadēls Sodomā bija saņemts gūstā, Ābrahāms atbrīvoja ne tikai viņu, bet arī viņa ļaudis, kuri bija kopā ar viņu sagūstīti un viņu mantas. Sodomas ķēniņš gribēja izteikt viņam pateicību, piedāvājot atdot Ābrahāmam kaut ko no trofejām, kuras viņš atnesa ķēniņam, taču Ābrahāms neko neņēma.

„Tad Sodomas ķēniņš sacīja viņam: „Dod man dzīvos bet mantību paturi sev." Un Ābrāms sacīja Sodomas ķēniņam: „Es paceļu savu roku uz to Kungu, Visaugsto Dievu, kam pieder debesis un zeme, nevienu pavedienu, nevienu kurpju siksnu, nedz citu ko es neaiztikšu no tā, kas tev pieder, lai tu neteiktu, es esmu Ābrāmu darījis bagātu," (1. Mozus 14:22-23).

Kad nomira viņa sieva, zemes īpašnieks piedāvāja viņam vietu apbedīšanai, bet viņš nepiekrita tam. Viņš vienkārši samaksāja par to taisnīgu samaksu. Viņš to izdarīja priekš tam, lai nākotnē nerastos nekādi strīdi par šo zemi. Un tā rīkojās, tādēļ ka bija godīgs cilvēks un negribēja, lai viņam kaut kas tiktu nepelnīti vai negodīgā ceļā. Ja viņu interesētu tikai nauda, viņš tiektos pēc tā, kas būtu izdevīgi viņam.

Tie, kas mīl Dievu vai ir Dieva mīlēti, nekad un nevienam nedarīs kaitējumu un nesāks pārkāpt valsts likumus dēļ sava personīgā izdevīguma. Viņi negaida neko vairāk par to, ko viņi nopelnījuši ar savu godīgu darbu. Bet tajos, kas priecājas par nepatiesību, nav mīlestības pret Dievu un pret saviem tuvākiem.

### Ko Dievs uzskata par nepatiesību?

Nepatiesība Kunga izpratnē, nedaudz atšķiras no vispārpieņemtās sapratnes par nepatiesību. Tā nav tikai likuma pārkāpšana, kas rada zaudējumus citiem cilvēkiem, bet arī jebkāds grēks, kas saceļas pret Dieva Vārdu. Kad ļaunums sirdī ieņem noteiktu formu, tad tas jau ir grēks un nepatiesība. Starp daudziem grēkiem, netaisnība vairāk par citiem norāda uz miesas darbiem.

Tajā skaitā, naidīgums, skaudība, greizsirdība un cits ļaunums sirdī pārvēršas tādos darbos, kā strīdi, tenkošanas, cietsirdības izpausmes, blēdības, slepkavības. Bībele saka, ka netaisnajiem grūti saņemt glābšanu.

1. vēstulē Korintiešiem 6:9-10, teikts: „Jeb vai jūs nezināt, ka netaisnie neiemantos Dieva Valstību? Nepieviļaties! Ne netikļi, ne elku kalpi, ne laulības pārkāpēji, nedz baudu kārie, ne vīriešu apgānītāji, ne zagļi, ne mantrauši, ne dzērāji, ne zaimotāji, ne laupītāji, neiemantos Dieva Valstību."

Āhans – bija viens no tiem cilvēkiem, kurš izcēlās ar netaisnību, un tas noveda viņu līdz bojāejai. Viņš bija otrās Iziešanas paaudzes pārstāvis un no bērnības redzēja un dzirdēja, ko Dievs darījis priekš viņa tautas. Viņš redzēja, kā tos pavadīja mākoņu stabs naktī un uguns stabs dienā. Viņš redzēja, kā izsīka ūdens pārplūstošajā Jordānas upē un, kā krita neieņemamā Jērikas pilsēta. Un vēl viņš lieliski zināja, ka viņu vadonis Jozua pavēlēja neko neņemt Jērikas pilsētā, jo to visu vajadzēja un bija jāatdod Dievam.

Bet tajā momentā, kad viņš ieraudzīja dārgas lietas Jērikas pilsētā, viņš palika kā bez prāta no alkatības. Šīs lietas, ko viņš ieraudzīja Jērikā, šķita viņam tik skaistas pēc ilgās dzīvas skarbajā tuksnesī. Un kad viņš ieraudzīja greznos apģērbus, zelta plāksnes un sudrabu, viņš aizmirsis Dieva Vārdu un Jozuas pavēli, paslēpa tos priekš sevis.

Āhana grēks, kas pārkāpa Dieva pavēli, noveda pie tā, ka jau nākamajā kaujā Izraēla karaspēks cieta lielus zaudējumus. Šo zaudējumu dēļ atklājās Āhana grēks, un gan viņš, gan visa viņa ģimene bija akmeņu nomētāti līdz nāvei. Šajā vietā izveidojās akmeņu kaudze, un tā saucas Āharas ieleja.

Bez tam, jūs varat vērsties pie Ceturtā Mozus grāmatas no 22. līdz 24. nodaļai. Tajās stāstīts par Bileāmu cilvēku, kurš varēja sarunāties ar Dievu. Vienreiz Balaks, Moāba ķēniņš, prasīja viņu nolādēt Izraēla tautu. „Tad Dievs sacīja Bileāmam: „Tev nebūs iet kopā ar viņiem, un tev nebūs nolādēt šo tautu, jo tā ir svētīta!" (4. Mozus 22:12).

Sadzirdējis Dieva Vārdu Bileāms atteicās izpildīt Moāba ķēniņa prasību. Taču, kad ķēniņš nosūtīja viņam zeltu, sudrabu un daudz citu dārgu lietu viņš sāka šaubīties. Beigu beigās, bagātīgās dāvanas apžilbināja viņu, un viņš sāka dot padomus ķēniņam, kā apmānīt Izraēlu. Un kāds bija rezultāts? Izraēla dēli ēda to, kas bija pienests elku upurim, kalpoja elkiem ar Moāba meitām un ar to pašu izsauca pār sevi lielas nelaimes. Un pats Bileāms rezultātā bija nogalināts ar zobenu. Un viss tas bija, kā sekas mīlestībai pret netaisnu iedzīvošanos.

Netaisnībai, Dieva acīs, ir tieša attieksme pret glābšanu. Bet ko mums darīt, kad mēs redzam, ka brālis vai ticības māsa rīkojas netaisnīgi, tāpat kā šīs pasaules neticīgie? Protams, mums jāraud par viņiem, jālūdzas par viņiem un jāpalīdz viņiem dzīvot tā, kā māca Dieva Vārds. Bet kādi ticīgie var viņus pat apskaust: "Es arī gribu dzīvot tādu pat vieglu un ērtu kristīgu dzīvi, kā viņi." Tādā gadījumā, ja jūs ņemat dalību viņu darbos, jūs nevarat apgalvot, ka mīlat Kungu.

Esot bez grēka, Jēzus nomira par mums, netaisnajiem, lai atvestu mūs pie Dieva (1. Pētera vēstule 3:18). Iepazinuši šo lielo Kunga mīlestību, mums nav jāpriecājas par netaisnību. Kas nepriecājas par netaisnību, tas ne tikai izvairās no netaisniem darbiem, bet arī pilda Dieva Vārdu un dzīvo pēc tā. Tikai šajā gadījumā mēs kļūstam par Kunga draugiem un mūsos dzīve iegūst vērtību (Jāņa, 15:14).

## 11. Mīlestība priecājas par patiesību

Jānis, viens no Jēzus mācekļiem, bija izglābts no mocekļa nāves un nodzīvoja līdz vecumam, izplatot Labo Vēsti par Jēzu Kristu un Dieva gribu starp daudziem cilvēkiem. Pēdējos savas dzīves gados viņš priecājās tikai tad, kad dzirdēja, ka ticīgie cenšas dzīvot Dieva Vārdā un patiesībā.

Viņš teica: „Jo es ļoti priecājos, kad atnāca brāļi un liecināja par tavu patiesību, ka tu dzīvo jau patiesībā. Lielāka prieka man nav, kā kad dzirdu, ka mani bērni dzīvo patiesībā," (3. Jāņa vēst. 1:3-4).

Mēs uzzinām par viņa jūtām no viņa teiktajiem vārdiem – „man nav lielāka prieka." Agrāk viņš bija ļoti ātras dabas. Kad viņš bija jauns, viņu pat iesauca par „pērkona dēlu." Taču, pēc tam, kad viņš izmainījās, viņu sāka saukt par mīlestības apustuli.

Ja mēs mīlam Dievu, tad pielietosim patiesību savā praktiskajā dzīvē un nesāksim izturēties netaisni. Mēs uzskatīsim par labāku priecāties par patiesību. Bet patiesība – tas ir Jēzus Kristus, Evaņģēlijs un visas 66 Bībeles grāmatas. Tie, kas mīl Dievu un ir Viņa mīlēti, protams, ka priecāsies par Jēzu Kristu un Evaņģēliju. Viņus iepriecinās tas, ka Dieva Valstība paplašinās. Un tā, ko nozīmē – „priecāties par patiesību?"

### Pirmkārt, tas nozīmē – priecāties par Evaņģēliju.

„Evaņģēlijs" – tā ir Labā Vēsts par to, ka mēs saņēmuši glābšanu caur Jēzu Kristu, ejam uz Debesīm. Daudzi cilvēki nāk pie patiesības uzdodot sev jautājumus: „Kāda ir dzīves jēga? Kāda ir dzīves vērtība?" Lai atrastu atbildes uz šiem jautājumiem, viņi uzzina par dažādām mācībām un filozofiskiem spriedumiem, mēģina rast atbildi dažādās reliģiskās mācībās. Taču patiesība – tas ir Jēzus Kristus, un neviens nevar ieiet Debesīs bez Jēzus Kristus. Lūk, tādēļ Jēzus teica: „Es esmu ceļš, patiesība un dzīvība; neviens netiek pie Tēva, kā vien caur mani," (Jāņa 14:6).

Mēs saņēmām glābšanu un ieguvām mūžīgo dzīvību, pieņemot Jēzu Kristu. Mums piedoti mūsu grēki, pateicoties Kunga Asinīm, un elles vietā mūs gaida Debesis. Tagad mēs saprotam dzīves jēgu un vērtību. Tādēļ priekš mums tik dabīgi priecāties par Evaņģēliju. Tie, kas priecājas par evaņģēliju pacentīsies izstāstīt par viņu arī citiem. Viņi centīsies izpildīt tiem Dieva dotos pienākumus, un dalīties Labajā Vēstī ar citiem. Un vēl: viņi priecājas par to, ka dvēseles, dzirdot Evaņģēliju un pieņemot Jēzu Kristu, saņem glābšanu. Viņi priecājas par to, ka paplašinās Dieva Valstība. „(Dievs) Kas grib, lai visi cilvēki tiek izglābti un nāk pie patiesības atziņas," (1. Vēst. Timotejam 2:4).

Bet ir tādi ticīgie, kuri apskauž tos, kas evaņģelizējuši vairāk ļaužu un, kas pienesuši vairāk augļus. Dažas draudzes apskauž citas draudzes, kuras aug un dod Slavu Dievam. Tā nepriecājas par patiesību. Ja jūsu sirdī ir garīgā mīlestība, tad jūs priecāsieties, redzot kā Dieva Valstība paplašinās. Jūs priecāsieties kopā ar to draudzi, kura aug un kuru mīl Dievs. Lūk, tas arī nozīmē – priecāties par patiesību, tas ir priecāties par Evaņģēliju.

Otrkārt, priecāties par patiesību – nozīmē priecāties par visu to, kas attiecas uz patiesību.

Tas nozīmē – priecāties redzot, dzirdot un darot to, ko iesaka patiesība, un tieši labo, mīlestību un taisnīgumu. Tie, kas priecājas par patiesību, tos līdz asarām aizkustina pat mazi labi darbi. Viņi atzīst, ka Dieva Vārds ir patiesība un tas saldāks, kā medus no bišu šūnām. Tādēļ viņi priecājas, dzirdot svētrunas un lasot Bībeli. Izņemot to, viņi priecājas, pildot Dieva Vārdu. Viņi ar prieku paklausa Dieva Vārdam, kurš liek mums kalpot cilvēkiem un saprast un piedot pat tiem, kas rada mums grūtības.

Dāvids mīlēja Dievu un gribēja uzbūvēt Dieva templi. Bet Dievs nelika viņiem to darīt. Tā iemesls izskaidrots 1. Laiku (28:3): „Bet tad Dievs uz mani sacīja: tev nebūs celt namu Manam Vārdam, jo tu esi karavīrs un esi izlējis asinis." Dāvidam nācās izliet asinis, piedaloties daudzos karos, tādēļ Dieva acīs Dāvids nebija piemērots kandidāts šī uzdevuma veikšanai.

Pats Dāvids nevarēja uzbūvēt Templi, bet viņš sagatavoja visus būvmateriālus, lai viņa dēls Sālamans varētu to uzcelt. Dāvids gatavoja materiālus priekš būvniecības pūloties ar lielu centību, un tas jau pārpildīja viņu ar laimi. „Tad tauta priecājās, dodama labprātīgi, jo tie deva no visas sirds Tam Kungam ar labu prātu: arī Dāvids priecājās ar lielu prieku," (Pirmā Laiku 29:9).

Tie, kas priecājas par patiesību prot priecāties par citu ļaužu labklājību. Viņi nav skaudīgi. Viņi pat sev iedomāties nevar, kā var priecāties par svešu nelaimi vai slikti domāt par kādu apgalvojot: „Lūk, redzēsiet, tas slikti beigsies." Ļaudis, kuri priecājas par patiesību, spējīgi uz labvēlīgu, uzticīgu un patiesu mīlestību. Viņus iepriecina labi vārdi un labi darbi. Un Dievs priecājas un līksmo, raugoties uz viņiem, par ko praviešā Cefanijas grāmatā 3:17, rakstīts: "Jo Tas Kungs, tavs Dievs, ir pie tevis, tavs spēcīgais glābējs; Viņš priecāsies par tevi, būs pret tevi mīļš, tev piedos un skaļi izpaudīs Savu prieku par tevi."

Pat ja mums neizdodas vienmēr priecāties par patiesību, jums nav jābēdājas un jāviļas. Ja jūs no visiem spēkiem cenšaties, tad Mīlestības Dievs ņems vērā, ka jūs esat centušies priecāties par patiesību.

Trešķārt, priecāties par patiesību – nozīmē ticēt Dieva Vārdam un censties to pildīt.

Īstenībā, tas ir liels retums, lai cilvēks mācētu priecāties tikai par patiesību. Līdz tam laikam kamēr mūsos ir tumsa un nepatiesība, ļaunums var atdzīvoties mūsu domās, un mēs varam nopriecāties par netaisnību. Bet, pakāpeniski mainoties un attīrot savu sirdi no nepatiesības, mēs sāksim priecāties tikai par patiesību. Taču, lai to sasniegtu, jāpieliek lielas pūles.

Piemēram, ne visi sajūt sevi laimīgus apmeklējot dievkalpojumus. Jaunatgrieztie, cilvēki ar vāju ticību var justies noguruši, viņi var domāt par kādām blakus lietām, piemēram, par beisbola spēles rezultātiem vai nervozēt par priekšā stāvošo darījuma tikšanos.

Nākšana uz baznīcu un dievkalpojumu apmeklēšana parāda mūsu tieksmi būt paklausīgiem Dieva Vārdam. Lūk, tas arī nozīmē – priecāties par patiesību. Priekš kam visas šīs mūsu pūles? Priekš tam, lai saņemtu glābšanu un aizietu uz Debesīm. Tā kā mēs esam dzirdējuši patiesības Vārdu un sākuši ticēt Dievam, tad mēs tāpat ticam tam, ka ir Tiesa, Debesis un elle. Zinot, ka balvas

Debesīs katram savādākas, mēs cenšamies kļūt sirdsšķīsti un uzticīgi visā Dieva namā. Varbūt mēs arī nepriecāsimies par patiesību par visiem 100 procentiem, bet ja mēs, saskaņā ar personīgās ticības mēru, darām visu iespējamo no savas puses, tas nozīmē, ka priecāsimies par patiesību.

## Izsalkums un slāpes pēc patiesības.

Priekš mums tam būtu jābūt tik dabīgi – priecāties tikai par patiesību. Tāpēc ka tikai patiesība dod mums mūžīgo dzīvību un var pilnībā izmainīt mūs. Ja mēs iepazīstam patiesību, tas ir Evaņģēliju, un pielietosim to, tad iegūsim mūžīgo dzīvību un kļūsim par īstiem Dieva bērniem. Kad mēs esam piepildīti ar cerību uz Dieva Valstību un ar garīgo mīlestību, tad mūsu sejas staros no prieka. Un vēl: mēs būsim tik laimīgi, cik mainīsimies patiesībā, jo mūs mīl un svētī Dievs, un mēs būsim daudzu ļaužu mīlēti.

Mums vienmēr jāpriecājas par patiesību un turklāt, mums jābūt izsalkušiem un izslāpušiem pēc taisnības. Kad mēs izjūtam izsalkumu un slāpes, tad mēs domājam tikai par ēdienu un ūdeni. Kad mēs slāpstam pēc patiesības, mēs patiesi tiecamies to iepazīt, lai pēc iespējas ātrāk mainītos un kļūtu par patiesības cilvēku. Mums vienmēr jādzīvo, izjūtot izsalkumu un slāpes pēc patiesības. Ko nozīmē – dzīvot, slāpstot pēc patiesības? Tas nozīmē – glabāt Dieva Vārdu, patiesību, savā sirdī un pildīt to savā ikdienas dzīvē.

Cilvēka, kuru mēs ļoti mīlam, klātbūtnē, mums grūti apslēpt, cik mēs esam laimīgi. Tas pats notiek, kad mēs mīlam Dievu. Patreizējā laikā mēs nevaram nostāties Dieva priekšā seju pret seju, taču, ja mēs patiešām mīlam Dievu, tad tas būs redzams arī pie mums. Mēs būsim priecīgi un laimīgi pat tikai kaut ko dzirdēt par patiesību vai ieraudzīt patiesības darbus. Mūsu laimīgās sejas nepaliks apkārtējo ļaužu nepamanītas. Mēs nespēsim apvaldīt pateicības asaras, vienkārši padomājot par Dievu un Kungu, bet mūsu sirdi var aizkustināt pat pavisam nelieli labi darbi.

Asaras, ko izraisa labas jūtas, bet tieši pateicības asaras un bēdu asaras par citām dvēselēm, vēlāk kļūs par brīnišķīgu rotājumu katram namam Debesīs. Priecāsimies par patiesību, lai mūsu dzīve būtu piepildīta ar liecībām par to, ka Dievs mūs mīl.

| Garīgās mīlestības raksturīgās īpašības (II) | |
|---|---|
| | 6. Mīlestība neuzvedas piedauzīgi |
| | 7. Mīlestība nemeklē savu labumu |
| | 8. Mīlestība neskaišas |
| | 9. Mīlestība nepiemin ļaunu |
| | 10. Mīlestība nepriecājas par netaisnību |
| | 11. Mīlestība priecājas par patiesību |

## 12. Mīlestība apklāj visu

Pieņemot Jēzu Kristu un cenšoties dzīvot pēc Dieva Vārda, mums stāv priekšā daudz pārciest. Mums jānoturas nokļūstot provocējošā situācijā. Mums jātrenējas atturībā, pārvarot paradumu iztapt savām iegribām. Lūk, tādēļ rakstot par īpašībām, kas piemīt mīlestībai, pirmajā vietā stāv pacietība.

Kad cilvēks cenšas attīrīt savu sirdi no nepatiesības, viņā sākas iekšēja cīņa. Un, lūk, šeit viņam jāparāda pacietība. Vārdi „mīlestība apklāj visu" ir ar plašāku nozīmi, nekā vienkārši pacietība. Izaudzējot patiesību savā sirdī, ar tās palīdzību mēs mācēsim paciest jebkuras sāpes, ko mums nodarījuši citi ļaudis. Paciest visu to, kam nav nekā kopīga ar garīgo mīlestību.

Jēzus atnāca uz šo zemi priekš tā, lai glābtu grēciniekus, bet kā pret Viņu izturējās ļaudis? Viņš darīja tikai labu, bet viņi Viņu izsmēja, nicināja Viņu, parādīja necieņu pret Viņu. Un beigu beigās tie piesita Viņu krustā. Jēzus tomēr pacieta visu un lūdzās par šiem cilvēkiem, lūdzot par viņiem: „Tēvs, piedod tiem, jo tie nezina, ko tie dara," (Lūkas 23:34).

Kāds, tad bija rezultāts tam, ka Jēzus visu apklāja ar mīlestību pret cilvēkiem? Katrs, kas pieņem Jēzu kā savu personīgo Glābēju, saņem glābšanu un kļūst par Dieva bērnu. Mēs bijām atbrīvoti no nāves un mums ir mūžīgā dzīvība.

Korejiešu paruna apgalvo, ka no āmura var izvīlēt adatu. Tas nozīmē, ka pateicoties pacietībai un izturībai, mēs varam izpildīt jebkuru pat pašu grūtāko uzdevumu. Cik laika un pūļu būs vajadzīgs, lai izvīlētu adatu no āmura? Droši vien, šis uzdevums šķiet neizpildāms, un kāds ar izbrīnu pateiks: „Kādēļ gan vienkārši nepārdot āmuru un nenopirkt adatu?"

Bet Dievs brīvprātīgi uzņēmās uz Sevi šo darbu, jo Viņš ir – mūsu gara saimnieks. Dievs ir lēns dusmot, Viņš ir pacietīgs un parāda pret mums žēlastību un mīlestību, tādēļ ka mīl mūs. Viņš apgraiza un slīpē ļaužu sirdis, pat ja tās kļuvušas cietas kā metāls. Viņš gaida, lai visi kļūtu Viņa patiesi bērni, ieskaitot pat tos, kam, kā liktos, nav nekādu izredžu kļūt par tādiem.

„Ielūzušu niedri viņš nenolauzīs, un kvēlojošu dakti viņš nenodzēsīs, kamēr Viņš novedīs tiesu līdz uzvarai," (Mateja 12:20).

Un arī šodien Dievs pārcieš visas tās sāpes, kuras Viņam sagādā cilvēku darbi un gaida mūs ar prieku. Viņš ir pacietīgs ar cilvēkiem, gaidot, kamēr viņi mainīsies uz labu, neskatoties uz visiem ļaunajiem darbiem, kas darīti tūkstošiem gadu. Lai arī viņi novērsušies no Dieva un pielūdz elkus, Dievs parādīja tiem, ka Viņš – patiess Dievs un Viņš visu pacieš ar ticību. Ja Dievs būtu pateicis: „Jūs esat – bezcerīgi, pilni netaisnības. Es vairāk nevaru jūs paciest," tad vai gan daudzi izglābtos?

Kā teikts praviešā Jeremijas grāmatā (31:3): „Ar mūžīgu mīlestību Es mīlēju tevi, tādēļ bez mitas Es žēloju tevi"; Dievs rūpējas par mums lūk, ar tādu, mūžīgu un bezgalīgu mīlestību.

Kalpojot kā lielas draudzes mācītājs, es kaut kādā mērā varu saprast Dieva ilgo pacietību. Daudziem cilvēkiem ir savas vainas un nepilnības, taču jūtot Dieva sirdi, man vienmēr jāskatās uz viņiem ar ticības acīm, gaidot, ka vienreiz viņi mainīsies un dos slavu Dievam par to. Un tā kā es pacietīgi gaidīju to ar ticību, daudzi draudzes locekļi izauga par labiem līderiem.

Un katrā tādā gadījumā, es ātri aizmirstu par to, cik daudz laika man nācās gaidīt un paciest; man šķiet, ka tas viss bija vienīgi mirklis. Otrajā Pētera vēstulē 3:8, teikts: „Lai jums, brāļi, nepaliek apslēpts tas, ka Kungam viena diena ir kā tūkstoš gadu un tūkstoš gadu kā viena diena," un es sapratu, ko šis pants nozīmē. Dievs ilgu laiku panes visu, un kopā ar to, Viņš uzskata, ka laiks paskrējis, kā viens mirklis. Saprotot Dieva mīlestību, sāksim mīlēt visus, kas mums apkārt.

## 13. Mīlestība tic visam

Ja jūs patiešām mīlat cilvēku, tad ticēsiet viņam. Jūs ticēsiet šim cilvēkam neskatoties uz visiem viņa trūkumiem. Vīrs un sieva saistīti cits ar citu mīlestībā. Ja laulātajam pārim nav mīlestības, tad starp viņiem nebūs saticības, viņi sāks strīdēties jebkura iemesla dēļ, turot aizdomās viens otru negodīgumā. Un nopietnākos gadījumos uzmācošas domas par laulātā neuzticību var novest pie fiziskas un psiholoģiskas vardarbības. Bet ja vīrs un sieva patiešām mīl cits citu, tad starp viņiem būs pilnīga uzticība. Vīrs būs pārliecināts par to, ka viņa sieva – labs cilvēks un viņa rīkojas pareizi. Tāpat arī sieva ticēs savam vīram. Ja laulātie tic cits citam, tad, likumsakarīgi, viņi gūst panākumus visā, ko dara un kļūst labāki savā darbošanās sfērā.

Uzticība un ticība var būt kā standarts, lai izmērītu mīlestības spēku. Tādēļ absolūta mīlestība uz Dievu nozīmē absolūtu uzticību Viņam. Ābrahāms, ticības tēvs, bija nosaukts par Dieva draugu. Bez kādas šaubīšanās Ābrahāms paklausīja Dieva pavēlei, kas teica viņam pienest par upuri dēlu Īzaku. Ābrahāms bija gatavs to izdarīt, tādēļ ka pilnībā uzticējās Dievam. Bet Dievs, redzot Ābrahāma ticību, atzina viņa mīlestību.

Mīlēt – nozīmē ticēt. Tie, kas mīl Dievu, pilnīgi uzticas Viņam. Viņi tic Dievam par visiem 100 procentiem. Un tā kā viņi visam tic, tad var visu pārklāt ar mīlestību. Priekš tā, lai apklātu visu ar mīlestību, mums jātic. Tikai tad, kad mēs ticam visiem Dieva vārdiem, mēs varam „cerēt visu" un apgraizīt savas sirdis, lai atbrīvotos no tā, kas traucē mīlēt.

Stingri ņemot, mēs noticējam Dievam ne tādēļ, ka iemīlējām Viņu pirmie; tas Viņš pirmais iemīlēja mūs, un ticot tam, mēs arī sākām mīlēt Dievu. Cik ļoti Dievs mīl mūs? Viņš Savu Vienpiedzimušo Dēlu atdeva par mums, grēciniekiem, lai atvērtu mums ceļu uz glābšanu.

Tam noticot, mēs sākam just mīlestību pret Dievu, un, ja mēs izaudzēsim sevī garīgo mīlestību, tad sasniegsim līmeni, pie kura mīlestība dos mums ticības pilnību. Izkopt sevī gara mīlestības pilnību – nozīmē pilnībā atbrīvoties no nepatiesības sirdī. Ja mūsu sirds būs attīrīta no nepatiesības, tad mums būs dota garīgā mīlestība no Augšas. Pateicoties tai mēs sāksim ticēt no visas sirds. Šajā gadījumā mēs nekad nesāksim apšaubīt Dieva Vārdu un mūsu uzticība Dievam būs nesatricināma. Ja mēs iegūsim gara mīlestības pilnību mēs visam ticēsim. Un tas nav tādēļ, ka cilvēki pelnījuši uzticību, bet tādēļ ka mēs skatāmies uz viņiem ar ticības acīm pat tad, kad viņi nevarīgi un viņos daudz trūkumu.

Mums jābūt gataviem noticēt jebkuram cilvēkam. Mums jātic arī sev. Pat pie tā, ka mūsos daudz trūkumu, mums jātic Dievam, Kurš mainīs mūs. Mums jātic tam, ka mēs drīz mainīsimies. Svētais Gars vienmēr saka mūsu sirdī: „Jūs to varat izdarīt. Es palīdzēšu jums." Ja jūs ticat šai mīlestībai un apliecināt – „es varu visu darīt labi, es varu mainīties," tad Dievs to darīs saskaņā ar jūsu atzīšanos un ticību. Cik gan tas brīnišķīgi – ticēt!

Dievs arī tic mums. Viņš tic tam, ka katrs no mums iepazīs

Dieva mīlestību un ies pa glābšanas ceļu. Skatoties uz mums visiem ar ticības acīm, Viņš nepasaudzēja Savu Vienpiedzimušo Dēlu Jēzu, pienesot Viņu par upuri uz krusta. Dievs tic, ka pat tie, kas nepazīst un netic Kungam, būs izglābti un pāries Dieva pusē. Viņš tic, ka tie, kas jau pieņēmuši Kungu, pārveidosies par tādiem bērniem, kuriem būs liela līdzība ar Dievu. Ticēsim ar mīlestību uz Dievu cilvēkiem!

## 14. Mīlestība „cer visu

Runā, ka uz viena no kapakmeņiem Vestminsteres abatijā Lielbritānijā uzrakstīts: „Savas jaunības gados es gribēju mainīt pasauli, taču nespēju. Brieduma gados centos mainīt savu ģimeni un arī nespēju. Tikai neilgi pirms nāves es sapratu, ka es būtu varējis visu to izmainīt, ja būtu mainījies pats."

Parasti cilvēki cenšas mainīt citu cilvēku, ja tiem viņā kaut kas nepatīk. Bet izmainīt citu cilvēku praktiski neiespējami. Daži laulātie pāri strīdas par niekiem, piemēram, tādēļ, kā jāizspiež pasta no tūbiņas – vai no augšas vai apakšas. Pirms pūlēties pārveidot kādu, mums jāmainās pašiem. Un pēc tam mēs varam ar mīlestību gaidīt un patiesi cerēt uz to, ka šie cilvēki mainīsies.

„Visu cer" – nozīmē vēlēties un gaidīt piepildāmies to, kam jūs ticat. Un tieši, ja jūs mīlat Dievu, tad ticēsiet katram Viņa vārdam un cerēsiet, ka viss notiks pēc Vārda. Jūs cerēsiet uz to, ka pienāks dienas, kad jūs dalīsieties mīlestībā ar Dievu Tēvu Debesu Valstībā mūžīgi. Lūk, tādēļ jūs visu paciešat un darāt savus darbus ar ticību. Bet kas, ja nav nekādas cerības?

Tiem, kas netic Dievam, nav cerības uz Debesu Valstību. Viņi vienkārši dzīvo, sekojot savām vēlmēm, tādēļ ka viņos nav cerības uz nākotni. Viņi cenšas iegūt vairāk mantu, lai piepildītu savu alkatību. Bet, lai arī cik daudz viņiem visa kā nebūtu, un lai cik viņi par to nepriecātos, viņi vienalga nespēs saņemt īstu apmierinājumu. Viņi dzīvo savu dzīvi, baidoties no nākotnes.

Bet no citas puses, tie, kas tic Dievam „Visu cer," tādēļ izvēlas šauro ceļu. Kāpēc mēs sakām, ka šis ceļš šaurs? Tādēļ ka tas šķiet šaurs to acīs, kas netic Dievam. Pieņēmuši Jēzu Kristu un kļuvuši par Dieva bērniem, mēs svētdienas pavadām baznīcā, piedaloties visos dievkalpojumos, nemeklējam nekādas pasaulīgas izklaides. Mēs labprātīgi strādājam priekš Dieva Valstības un lūdzamies par to, lai dzīvotu pēc Dieva Vārda. Visu to grūti darīt bez ticības, lūk, tādēļ šo ceļu mēs arī saucam par šauru.

Pirmajā vēstulē Korintiešiem 15:19, teikts: „Ja mēs tikai šinī dzīvē vien ceram uz Kristu, tad esam visnožēlojamākie cilvēki." Ja spriež pēc dzīves miesā, tad paciest un smagi strādāt šķiet apgrūtinoši. Bet ja „visu cerēt," tad šis ceļš – pats laimīgākais no dzīves ceļiem. Ar tiem, kurus mēs mīlam, varam justies laimīgi pat būdiņā. Cik gan mēs būsim laimīgi no domām, ka mums priekšā dzīve ar dārgo Kungu Debesīs! Mēs būsim priecīgi un laimīgi domājot par to. Tādā veidā, esot ar patiesu mīlestību, mēs pacietīgi gaidām un ceram līdz tam laikam, kamēr nekļūs īstenība viss, kam mēs ticam.

### Tiekšanās nākotnē ar ticību dod būtiskus rezultātus.

Pieņemsim, ka jūsu bērns sācis iet pa nepareizu ceļu un sācis slikti mācīties. Pat šajā gadījumā, ja jūs viņam ticat, sakot, ka viņš spēj labi mācīties, skatieties uz viņu ar cerību, ka viņš mainīsies, tad viņš var mainīties jebkurā momentā un kļūt par priekšzīmīgu bērnu. Vecāku ticība bērniem stimulēs viņos pārliecību par sevi. Ja bērnos ir drošība par sevi, tad viņos ir ticība tam, ka viņi var sasniegt visu, ka viņi spēs pārvarēt grūtības, un tas atstās iespaidu uz viņu sekmēm.

Tas pats notiek arī tad, kad mēs rūpējamies par dvēselēm draudzē. Ne pie kādiem apstākļiem mums nav jāsteidzas ar secinājumiem, lai par ko arī neietu runa. Mums nav viļoties jādomā: „Grūti man iedomāties, lai šis cilvēks mainītos," vai: „Viņa vēl aizvien tāda pati." Mums uz visiem jāskatās ar cerību un ticību tam, ka viņi drīz mainīsies, ka Dieva mīlestība aizkustinās viņus. Mums jāturpina lūgties par viņiem, uzmundrinot viņus, jāsaka: „Tev viss izdosies."

## 15. Mīlestība visu panes

Pirmajā vēstulē Korintiešiem, 13:7, teikts: „Tā panes visu un uzticas visam; tā cer uz visu un iztur visu." Ja jūs mīlat, tad mācēsiet visu izturēt. Bet ko, patiesībā, tas nozīmē? Kad aiz mīlestības pret cilvēku, mēs parādam pret viņu pacietību, tas var novest pie noteiktām sekām. Pie stipra vēja ne tikai uz jūras, bet arī uz ezera parādās viļņi. Pēc tam kad vējš norimst, ūdens virspusē vēl arvien paliek sīki vilnīši. Pat ja mēs visu panesam, ar to viss nebeidzas. Būs arī kādas blakus parādības.

Mateja Evaņģēlijā 5:39, Jēzus, piemēram, ir teicis: „Bet Es jums saku: nestājieties pretim ļaunumam, ja kāds tev sit pa labo vaigu, tam pagriez otru." Lai arī kāds ir iesitis jums pa labo vaigu, un jūs nesitāt viņam atbildot, jūs pacietāt to. Vai viss ar to būs beidzies? Sekas vienalga būs? Jūs sajutīsiet sāpes. Jums sāpēs vaigs, bet vēl stiprāk – sirds. Protams, iemesli, kas izsauc sāpes var būt dažādi. Dažiem smelgs sirds domājot par to, ka viņi cietuši bez iemesla, un tas radīs viņos dusmas. Bet kāds sāks nožēlot to, ka izprovocējis aizkaitinājumu citā cilvēkā. Kādam būs žēl brāli, kurš nemācēja apvaldīt savas dusmas un izgāza tās, pielietojot fizisku spēku, tā vietā, lai atrastu konstruktīvāku problēmas risināšanas veidu.

Kā sekas tam, ka jūs visu paciešat, var rasties noteiktas situācijas. Piemēram, kāds iesitis jums pa labo vaigu. Un tad jūs, saskaņā ar Vārdu, pagriežat viņam arī kreiso vaigu. Un jums iesita vēl arī pa kreiso vaigu. Jūs pacietāt, pildot Vārdu, bet situācija saasinājās un pieveda pie vēl sliktākām sekām.

Tā bija arī gadījumā ar Danielu. Zinot, par to, ka viņš būs iemests bedrē pie lauvām, viņš, tomēr negāja uz kompromisu. Pat tad, kad viņa dzīvībai draudēja briesmas, viņš nepārtrauca lūgties, tādēļ ka mīlēja Dievu. Bez tam, viņš nedarīja ļaunu tiem, kas mēģināja nogalināt viņu. Bet vai mainījās viss uz labu, tādēļ ka viņš visu darīja pēc Dieva Vārda? Nē. Viņš bija iemests lauvu bedrē!

Mēs domājam, ja mēs paciešam darbus, kuros nav mīlestības, tad visiem pārbaudījumiem jāaiziet. Kāpēc gan pārbaudījumi tomēr turpinās? Tā ir Dieva providence; Viņš grib darīt mūs pilnīgus un dot mums apbrīnojamas svētības. Zeme nesīs bagātīgu un labu ražu, pārciešot lietu, vēju un kvēlojošu sauli. Dieva providence ir tajā, lai mēs kļūtu patiesi Dieva bērni, izejot cauri pārbaudījumiem.

### Pārbaudījumi – tā ir svētība.

Ienaidnieks, velns un sātans, cenšas izpostīt Dieva bērnu dzīvi, kad viņi cenšas dzīvot Gaismā. Sātans pastāvīgi cenšas atrast pamatojumu, lai apsūdzētu ļaudis, un viņš to darīs, pamanot viņos pat nenozīmīgu vainu. Piemēram, kāds nodarījis jums kaut ko sliktu, un jūs, ārēji izrādot pacietību, iekšēji jūtat pret viņu naidīgumu. Šīs jūtas dod ienaidniekam, velnam un sātanam, pamatu lai izvirzītu pret jums apsūdzību. Un tad Dievam būs jāpieļauj pārbaudījumi, kas atbilst apsūdzībām. Līdz tam laikam kamēr nebūs atzīts, ka jūsu sirdī jau nav ļaunuma, būt testi, kuri saucas „attīrošie pārbaudījumi." Protams, ka pārbaudījumi vienalga var būt pat pēc tā, kā jūs atbrīvosieties no grēkiem un kļūsiet pilnībā sirdsšķīsti. Tādi pārbaudījumi tiek pieļauti priekš tam, lai mēs saņemtu vēl lielākas svētības. Pateicoties tiem mēs neaprobežojamies ar to, ka uzvaram sevī ļauno, mēs kultivēsim vairāk pilnīgo mīlestību un labo, lai mūsos nebūtu ne traipa, ne vainas.

Tas tiek darīts ne tikai priekš svētībām. Tas pats princips darbojas arī tad, kad mēs cenšamies sasniegt Debesu Valstību. Priekš tā, lai parādītu vēl vairāk lielus darbus, jābūt izturētai taisnīguma skalai. Parādot vairāk ticības un vairāk darbu, kas piepildīti ar mīlestību, mums jāpierāda, ka mūsos ir trauks, kuru ienaidnieks velns nespēs sagraut, un mēs esam tā cienīgi, lai saņemtu atbildi.

Tādēļ reizēm Dievs pieļauj, lai mēs izietu cauri pārbaudījumiem. Ja mēs izturēsim tos, parādot vienīgi labprātību un mīlestību, tad Dievs atļaus mums vareni pagodināt Viņu ar vēl lielākām uzvarām un dos mums daudz balvu. Ja jūs pārvarēsiet vajāšanas un grūtības, kas rodas dēļ jūsu ticības Kungam, tad jūs noteikti saņemsiet lielas svētības. „Svētīgi jūs esat, ja jūs lamā un vajā un ar meliem par jums runā visu ļaunu Manis dēļ. Esiet priecīgi un līksmi, jo jūsu alga ir liela debesīs, jo tā tie vajājuši praviešus, kas pirms jums bija," (Mateja 5:11-12).

## Visu apklāt, visam ticēt, visu cerēt, visu panest.

Ja jūs visam ticat un cerat ar mīlestību, tad jūs varat pārvarēt jebkurus pārbaudījumus. Kam tad tieši mums jātic, uz ko jācer un kas jāpanes?

**Pirmkārt, mums jātic Dieva mīlestībai līdz pašam galam, pat pārbaudījumu laikā.**

Pirmajā Pētera vēstulē 1:7, teikts: „Lai jūsu pārbaudītā ticība, kas ir daudz vērtīgāka nekā iznīcīgais zelts, kas ugunīs tiek pārbaudīts, izrādītos teicama, slavējama un godājama, kad Jēzus Kristus parādīsies." Viņš mūs attīra, lai mēs iegūtu tādas īpašības, kuras atnesīs mums balvas, slavu un godu, kad mūsu dzīve uz šīs zemes izbeigsies.

Un, pat ja mēs dzīvojam tikai pēc Dieva Vārda, neejot uz kompromisu ar pasauli, tad reizēm mums tomēr nākas nepelnīti ciest. Arī tad, katru reizi mums jātic tam, ka Dievs mūs mīl. Tad tā vietā, lai nodotos izmisumam, mēs sāksim slavēt Dievu, kurš ved mūs uz labākajiem Debesu mājokļiem. Un vēl, mums jātic Dieva mīlestībai, pie tam jātic līdz pēdējam. Ticības pārbaudījumi var radīt mums kādas ciešanas.

Ja pārbaudījumi būs stipri un ievilksies uz ilgu laiku, tad jūs varat padomāt: „Kāpēc gan Dievs nepalīdz man? Vai tiešām Viņš mani vairs nemīl?" Tomēr tādā laikā mums jāpanes pārbaudījumi skaidri apzinoties, ka Dievs mūs mīl. Mums jātic tam, ka Dievs Tēvs, mīlot mūs, grib atvest mūs uz labākajām Debesu mājvietām. Izcietuši līdz galam, mēs beigu rezultātā, kļūsim pilnīgi Dieva bērni. „Bet izturība, lai parādās darbā līdz galam, ka jūs būtu pilnīgi caurcaurim un jums nebūtu nekāda trūkuma," (Jēkaba vēst. 1:4).

**Otrkārt, lai visu izturētu, mums jātic tam, ka pārbaudījumi – tas ir īsākais ceļš uz visu mūsu cerību piepildīšanos.**

Vēstulē Romiešiem 5:3-4, teikts: „Bet ne vien par to, mēs teicam sevi laimīgus arī savās ciešanās, zinādami, ka ciešanas rada izturību, izturība – pastāvību, pastāvība – cerību." Ciešanas, šajā gadījumā, - tas ir īsākais ceļš, lai piepildītos mūsu cerības. Jūs varat padomāt: „Vai, nu kad es gan beidzot mainīšos?" taču, ja jūs izturēsiet visu līdz galam un pacentīsieties mainīties, tad pakāpeniski jūs kļūsiet par īstu un pilnīgu Dieva bērnu, kas līdzīgs Viņam.

Tādēļ, kad atnāk pārbaudījumi, jums nav jāizvairās no tiem. Dariet visu, lai pārvarētu tos. Parasti cilvēkam gribas izvēlēties to vieglāko ceļu – tāds ir dabas likums. Bet, ja mēs izvairīsimies no ciešanām, tad ceļš var izrādīties daudz garāks. Pieņemsim, ka jūsu dzīvē ir cilvēks, kurš pastāvīgi rada jums problēmas. Lai arī ārēji tas nekā neparādās, katru reizi, kad jūs ar viņu satiekaties, jums iekšēji rodas diskomforts. Tādēļ jūs cenšaties no viņa izvairīties. Tā vietā, lai ignorētu šo situāciju, jums aktīvi jāpārvar tā. Nepieciešams izturēt visas grūtības, kuras viņš jums rada, un kultivēt sevī sirdi, kura spējīga saprast un piedot šim cilvēkam. Tad Dievs dos jums svētību un jūs mainīsieties. Visi pārbaudījumi – tie ir pakāpieni, kuri ved mūs pa īsāko ceļu uz mūsu cerību piepildīšanos.

### Treškārt, lai visu izturētu, dariet tikai labu.

Kā likums, cilvēki sāk kurnēt pret Dievu, saduroties ar tām sekām, kas rodas no pašu mēģinājumiem visu paciest saskaņā ar Dieva Vārdu. Viņi vaimanā, jautājot: "Kāpēc situācija nemainās, neskatoties uz to, ka viss tiek darīts pēc Vārda?" Visus ticības pārbaudījumus sūta ienaidnieks, velns un sātans. Īstenībā pārbaudījumi – tā ir labā un ļaunā cīņa.

Lai uzvarētu garīgajā cīņā, mums jācīnās pēc garīgās pasaules likumiem. Garīgās pasaules likums ir tajā, ka labais beigu beigās uzvar. Vēstulē Romiešiem 12:21, teikts: "Ļaunums lai tevi neuzvar, bet pats uzvari ļaunu ar labu." Darot labu, mēs reizēm varam sajust, ka mēs nesam zaudējumus, un mēs patiešām tajā momentā ciešam zaudējumus, bet īstenībā viss ir otrādi. Dievs pārvalda laimi un nelaimi, cilvēka dzīvību un nāvi. Tādā veidā, kad mēs saduramies ar pārbaudījumiem, kārdinājumiem un vajāšanām, mūsu darbiem jābūt tikai labiem.

Reizēm ticīgie tiek pakļauti vajāšanām no neticīgo ģimenes

locekļu puses. Tādos gadījumos ticīgie parasti domā: „Kāpēc man ir tik ļauns vīrs?" „Kāpēc man tāda nikna sieva?" Un tad pārbaudījumi var kļūt vēl grūtāki un ilgāki. Kādus labus darbus var darīt tādā situācijā? Jums jālūdzas ar mīlestību par viņiem un jākalpo viņiem Kungā. Jums jākļūst par gaismu un jāspīd spoži savā ģimenē.

Ja jūs darīsiet viņiem tikai labu, tad Dievs sāks darboties vispiemērotākajā laikā. Viņš izdzīs ienaidnieku velnu un sātanu, un tāpat mīkstinās jūsu ģimenes locekļu sirdis. Visas problēmas atrisināsies, kad jūsu darbi būs tikai labi, atbilstoši Dieva likumiem. Tādēļ pacietīsim visu, parādot pie tā labestību un darot tikai labo.

Vai ir starp jūsu apkārtējiem cilvēkiem, kāds, kuru pēc jūsu domām grūti paciest? Daži cilvēki pastāvīgi dara sliktu citiem un rada grūtības. Un kāds bieži žēlojas un apvainojas dēļ sīkumiem. Bet, ja jūs esat izkultivējuši sevī patiesu mīlestību, tad ap jums nebūs tādu, kurus jūs nespētu panest. Tādēļ ka jūs mīlat tuvāko kā sevi pašu, kā to licis mums Kungs.

Dievs Tēvs saprot un pacieš mūs tieši tāpat. Līdz tam laikam, kamēr jūs neizveidojat sevī patiesu mīlestību, jums jādzīvo kā pērlei. Kad svešķermenis, piemēram, smilšu graudiņš, jūras zāles vai gliemežvāku daļiņas iestrēgst starp gliemežvāku un moluska ķermeni, viņš to pārvērš par pērli! Tieši tāpat arī, ja mēs uzaudzējam sevī garīgo mīlestību, tad, izejot caur pērļu vārtiem, mēs varēsim ieiet Jaunajā Jeruzalemē, kur izvietots Dieva Tronis.

Vienkārši iedomājieties sev to laiku, kad jūs iesiet cauri pērļu vārtiem un atcerēsieties savu zemes pagātni. Mums būs jāpasaka Dievam Tēvam: „Paldies Tev par to, ka Tu visu apklāji, ticēji, cerēji un visu pacieti manis dēļ," priekš tā lai mūsu sirdis kļūtu tik pat brīnišķas kā pērles.

**Garīgās mīlestības raksturīgās īpašības (III)**

12. Tā apklāj visu

13. Tā tic visu

14. Tā cer visu

15. Tā panes visu

# Pilnīgā mīlestība

„*Mīlestība nekad nebeidzas, pravietošana beigsies, valodas apklusīs, atziņas izbeigsies. Jo nepilnīga ir mūsu atziņa un nepilnīga mūsu pravietošana. Bet, kad nāks pilnība, tad beigsies, kas bija nepilnīgs. Kad biju bērns, es runāju kā bērns, man bija bērna tieksmes un bērna prāts, bet, kad kļuvu vīrs, tad atmetu bērna dabu. Mēs tagad visu redzam mīklaini, kā spogulī, bet tad atzīšu pilnīgi, kā es pats esmu atzīts. Tā nu paliek ticība, cerība, mīlestība; šās trīs; bet lielākā no tām ir mīlestība,*"
(1. Vēst. Korintiešiem 13:8-13)

Ja jūs varētu paņemt sev līdzi kaut ko vienu, dodoties uz Debesīm, ko gan jūs tad izvēlētos? Zeltu? Dimantus? Naudu? Visas šīs lietas absolūti nevajadzīgas Debesīs. Debesīs ielas pa kurām jūs staigāsiet, veidotas no tīra zelta. Viss, ko Dievs sagatavojis priekš mums Debesu mājokļos brīnišķīgs un izsmalcināts. Dievs pazīst mūsu sirdis un visiem saviem spēkiem cenšas sagatavot mums visu pašu labāko. Tikai vienu mēs varam paņemt no šīs zemes dzīves, tādu, kam Debesīs būs liela vērtība. Tā ir – mīlestība. Mīlestība, kuru mēs izveidojam savā sirdī, dzīvojot uz šīs zemes.

## Mīlestība vajadzīga arī Debesīs.

Kad beigsies cilvēces audzēšana un mēs ieiesim Debesu Valstībā, viss, kas ir uz zemes izzudīs (Atklāsmes 21:1). Psalmos 103:15 teikts: „Cilvēks savā dzīvē ir kā zāle, viņš zied kā puķe laukā." Pat tas, kas ir netaustāms, teiksim atziņa, slava, vara arī izzudīs. Izzudīs arī tumsa un grēki – tādi, kā ienaids, strīdi, skaudība un greizsirdība.

Taču Pirmajā vēstulē Korintiešiem 13: 8 – 10 teikts: „Mīlestība nekad nebeidzas, pravietošana beigsies, valodas apklusīs, atziņa izbeigsies. Jo nepilnīga ir mūsu atziņa un nepilnīga mūsu pravietošana. Bet, kad nāks pilnība, tad beigsies, kas bija nepilnīgs."

Dāvanas – pravietošana, citas valodas un zināšanas par Dievu ir garīgas vērtības, tad kādēļ gan arī tās tiks atceltas? Debesis – tā ir garīga telpa, tās absolūti pilnīgas. Debesīs mēs skaidri uzzināsim par visu. Pat, ja mums ir sadraudzība ar Dievu un pravietošanas dāvanas, Debesu Valstībā viss būs savādāk. Tad mēs skaidri sapratīsim Dieva Tēva un Kunga sirdi, un pēc pravietojumiem vairs nebūs nepieciešamības.

Tas pats arī ar valodām. Ar „valodām" dotajā gadījumā, tiek domātas visdažādākās kontaktēšanās valodas. Šeit uz zemes, ļaudis runā dažādās valodās. Un, ja mēs gribam kādu saprast, mums jāiemācās viņa valoda. Kultūras atšķirību dēļ mums vajadzīgs daudz laika un spēka, lai saprastu citu ļaužu sirdis un domas. Pat, ja mēs pārzinām kādu tautas valodu, mēs ne vienmēr varam līdz galam izprast viņa sirdi un domas. Un pat, ja mēs runājam brīvi šajā valodā, un varam domāt tajā, mums nav tik vienkārši darīt saprotamas šiem cilvēkiem savas domas un to, kas mums uz sirds par visiem 100 procentiem. Kādu nepareizi izteiktu vārdu dēļ var izcelties pārpratumi un strīdi. Mēs varam vienkārši pieļaut daudz kļūdu, lietojot tos vai citus vārdus.

Taču ja mēs nokļūsim Debesīs mums nevajadzēs satraukties par tamlīdzīgām lietām. Debesīs ir tikai viena valoda. Tādēļ mēs varam nepārdzīvot, ka nevarēsim kādu saprast. Tas, kas teikts no labas sirds, nevar izsaukt neizpratni vai aizdomas.

Tas pats arī ar zināšanām. Šajā gadījumā ar „atziņu" tiek domātas Dieva Vārda zināšanas. Dzīvojot uz zemes, mēs centīgi mācāmies Dieva Vārdu. No 66 Bībeles grāmatām mēs uzzinām par to, kā var saņemt glābšanu un mūžīgo dzīvi. Mēs uzzinām tikai to Dieva gribas daļu, kas saka mums, ko mums darīt, lai ieietu Debesīs.

Piemēram, mēs uzzinājām un cenšamies praktiski pildīt vārdus

„mīliet cits citu," „neskaudiet un neesiet greizsirdīgi" u.t.t. Taču Debesīs ir tikai mīlestība, tādēļ mums tur tamlīdzīgas zināšanas nav vajadzīgas. Neskatoties uz to, ka pravietošana, runāšana valodās un atziņa – garīgi jēdzieni, tie vienalga izzudīs. Tā ka tie vajadzīgi mums tikai uz laiku un tikai šajā fiziskajā pasaulē.

Tādā veidā ļoti svarīgi zināt patiesības Vārdu un zināt par Debesīm, bet vēl svarīgāk kultivēt sevī mīlestību. Mēs varam nokļūt labākā Debesu mājvietā, un tas atkarīgs no tā, cik daudz mēs esam apgraizījuši savu sirdi un izkopuši sevī mīlestību.

## Mīlestība ir nenovērtējama.

Vienkārši atceraties tagad savas pirmās mīlestības laiku. Cik gan jūs tad bijāt laimīgi! Kā saka tādos gadījumos, mīlestība jūs bija darījusi aklus. Ja jūs pa īstam mīlat kādu, tad jūs redzat tikai pozitīvās šī cilvēka īpašības, un visa pasaule jums liekas brīnišķa. Saule spīd spožāk, kā nekad un gaisā jūtams īpašs aromāts. Laboratoriskie pētījumi rāda, ka, kad cilvēks iemīlējies, viņam mazāk aktīvas tās smadzeņu daļas, kuras pārvalda kritiku un negatīvās domas. Tieši tāpat, ja jūsu sirds piepildīta ar Dieva mīlestību, tad jūs būsiet laimīgi, pat ja jums nebūs ko ēst. Debesīs tāds prieks ilgs mūžīgi.

Mūsu dzīve uz zemes līdzinās bērnībai salīdzinājumā ar to, kā mēs dzīvosim Debesīs. Bērns, kurš tikko sāk runāt, var izrunāt tikai pāris tādu vienkāršu vārdu, kā „mamma" un „papus." Viņš nevar izskaidrot visu precīzi un detalizēti. Un protams, ka bērnu spēkos nav saprast sarežģīto pieaugušo pasauli. Bērni runā, domā un visu saprot pēc savu zināšanu un vecuma spēju mēra. Viņiem nav pienācīgas izpratnes par naudas vērtību, tādēļ, ja viņiem piedāvātu izvēlēties monētiņu vai papīra kuponu, tad viņi izvēlēsies monētiņu. Monētu vērtību viņi zina, jo lietojuši tās, lai nopirktu konfektes vai augļu saldējumu, bet lūk, papīra kuponu vērtība viņiem ir nesaprotama.

Tas ir līdzīgi tam, kā mēs sev iedomājamies Debesis, kamēr dzīvojam uz zemes. Mēs zinām, ka Debesis ir brīnišķas, bet mums grūti aprakstīt to skaistumu ar vārdiem. Debesu Valstībā nav iespējām robežu, tādēļ mēs varēsim aprakstīt šo skaistumu pilnā mērā. Kad mēs uziesim uz Debesīm, mēs tāpat varēsim saprast bezgalīgo un noslēpumaino garīgo pasauli un tāpat principus, pēc kādiem viss funkcionē. Par to runāts 1. Vēstulē Korintiešiem (13:11): „Kad biju bērns, es runāju kā bērns, man bija bērna tieksmes un bērna prāts, bet, kad kļuvu vīrs, tad atmetu bērna dabu."

Debesu Valstībā nav tumsas, nemiera un raižu. Tur ir tikai labais un mīlestība. Tādēļ mēs varam izpaust savu mīlestību un kalpot cits citam, cik mēs gribam. Šajā ziņā fiziskā pasaule un garīgā pasaule absolūti atšķirīgas. Protams, pat uz šīs zemes var redzēt lielu atšķirību cilvēku spriedumos un domās, un šī atšķirība skaidrojama ar katra ticības mēru.

Jāņa 1. vēstules otrajā nodaļā ticības līmeņi salīdzināti ar bērnu, pusaudžu, jauniešu un tēvu vecumu. Tie, kas atrodas uz bērnu ticības līmeņa, ir arī garā kā bērni. Viņi nespēj saprast dziļas garīgas lietas. Viņiem maz spēka, lai pildītu Vārdu. Bet, kad viņi kļūs jaunieši vai tēvi, viņu vārdi, domas un darbi mainīsies. Viņu spējas pielietot praktiski Dieva Vārdu pieaugs, un viņi spēs uzvarēt cīņā pret tumsas spēkiem. Bet, pat sasniedzot ticības tēvu mēru uz šīs zemes, mēs vienalga paliksim bērni, salīdzinot ar tādiem, kādi mēs būsim, kad ieiesim Debesu Valstībā.

## Mūsu mīlestība būs pilnīga.

Bērnība – tas ir sagatavošanās laiks tam, lai kļūtu pieaudzis; tieši tāpat kā dzīve uz zemes – tas ir laiks, lai sagatavotos mūžīgai dzīvei. Šī pasaule salīdzinot ar mūžīgo Debesu Valstību, līdzīga ēnai, un tā izzudīs ļoti ātri. Ēna īstenībā, - tas nav priekšmets, un, ne arī kāds dzīvs radījums. Citiem vārdiem tā – nav reāla. Tas vienīgi reālas būtnes vai priekšmeta atveids.

Ķēniņš Dāvids svētīja KUNGU visas draudzes priekšā un teica: „... jo mēs esam svešinieki un piedzīvotāji Tavā priekšā, kā visi mūsu tēvi; mūsu dienas virs zemes ir kā ēna un tur nav cerības!" (Pirmā Laiku 29:15).

Redzot ēnu mēs varam stādīties sev priekšā tā objekta galvenās kontūras, kurš to met. Šī fiziskā pasaule arī līdzīga ēnai, kas dod aptuvenu priekšstatu par mūžīgo pasauli. Kad ēna, kas arī ir mūsu dzīve uz šīs zemes pazudīs, tad atklāsies cita īstenība. Pašreizējā laikā mūsu zināšanas par garīgo pasauli diezgan miglainas, it kā mēs skatītos caur neskaidru stiklu. Bet, kad mēs aiziesim, uz Debesu Valstību, mūsu zināšanas par to būs skaidras, jo mēs satiksimies ar Viņu vaigu vaigā.

1. Vēstulē Korintiešiem 13:12, rakstīts:
„Mēs tagad visu redzam mīklaini, kā spogulī, bet tad vaigu vaigā; tagad es atzīstu tik pa daļai, bet tad atzīšu pilnīgi, kā es pats esmu atzīts." Šo Nodaļu par mīlestību apustulis Pāvils uzrakstīja

apmēram 2000 gadus atpakaļ. Stikls tajā laikā vēl nebija tik caurspīdīgs, kā mūsu dienās. No stikla tad vēl nebija iemācījušies gatavot spoguļus. Tos gatavoja no sasmalcināta sudraba, bronzas vai dzelzs, nopulējot metālu tā, lai tas atspoguļotu gaismu. Spoguļi pie tādām tehnoloģijām bija neskaidri. Protams, daži cilvēki, kuriem atvērtas garīgās acis, vairāk jūtīgi pret Debesu Valstību. Un tomēr mūsu priekšstati par Debesu skaistumu un prieku diezgan miglaini.

Vēlāk, kad mēs uziesim uz Debesīm, mēs varēsim paši, tieši ar savām acīm visu ieraudzīt un sajust līdz sīkākajām detaļām. Mēs uzzināsim par Dieva varenumu, Viņa visspēcību un skaistumu, kas nepadodas aprakstam.

## Mīlestība – vairāk, nekā ticība un cerība.

Ticība un cerība ļoti svarīgas, priekš tā, lai mēs pieaugtu ticībā. Mēs saņemsim glābšanu un uziesim uz Debesīm, tikai ja mūsos ir ticība. Mēs varam kļūt Dieva bērni tikai ticot. Esot ar ticību, mēs iegūstam glābšanu, mūžīgo dzīvību un Debesu Valstību. Tādēļ ticības vērtību neiespējami pārvērtēt. Ticība – galvenā no visiem dārgumiem un atslēga, lai saņemtu atbildes uz lūgšanām.

Un kā tad attiecībā uz cerību? Cerība arī ir vērtīga; ja mums ir cerība, mēs iegūsim labākās Debesu mājvietas. Tādēļ, ja mums ir ticība, tad dabīgi mums tāpat būs arī cerība. Ja mēs tiešām ticam Dievam, tam ka ir Debesis un elle, tad mums būs cerība uz Debesīm. Un vēl: ja mums ir cerība, tad mēs centīsimies šķīstīties un uzticīgi darboties priekš Debesu Valstības. Ticība un cerība mums vajadzīgas līdz tam laikam, kamēr mēs nesasniegsim

Debesu Valstību. Bet kāpēc 1. Vēstulē Korintiešiem 13:13, teikts, ka mīlestība ir pārāka?

Pirmkārt, ticība un cerība mums vajadzīgas, kamēr mēs dzīvojam uz šīs zemes, bet Debesu Valstībā būs tikai garīgā mīlestība. Debesīs mums nevajadzēs ticēt tam, ko mēs redzam un gaidīt, lai mūsu cerības piepildās, tādēļ ka mēs visu redzēsim pašu acīm. Iedomājieties, ka mēs kādu ļoti stipri mīlam, bet mums nav bijusi iespēja redzēt mīļoto cilvēku veselu nedēļu vai vēl sliktāk, desmit gadus. Cik gan emocionāla būs mūsu satikšanās pēc desmit šķirti nodzīvotiem gadiem! Ja mēs jau esam satikušies ar to, pēc kura mēs ilgojāmies veselus desmit gadus, vai gan mēs turpināsim skumt par viņu?

Tas pats attiecas uz kristīgo dzīvi. Ja mums patiešām ir ticība un mēs mīlam Dievu, tad laiks nostiprinās mūsu cerību un mūsu ticība pieaugs. Ar katru dienu mēs arvien vairāk un vairāk ilgosimies pēc Kunga. Tie, kas lūk, tā cerē uz Debesīm, neteiks, ka viņiem grūti, pat pie tā, ka viņi iet pa šauro ceļu uz šīs zemes nepadodoties nekādiem kārdinājumiem. Un, kad mēs sasniegsim mūsu ceļa galamērķi, tad ticība un cerība mums jau vairs nebūs vajadzīgas. Taču mīlestība Debesīs būs mūžīgi, tādēļ Bībele saka, ka mīlestība ir pārāka.

Otrkārt, ar ticību mēs varam iegūt Debesis, bet bez mīlestības mēs nenokļūsim pašā brīnišķīgākajā no visām mājvietām – Jaunajā Jeruzalemē.

„Debesis tiek ar spēku ieņemtas," tādā pakāpē, kādā mēs darbojamies, parādot ticību un cerību. No tā, par cik mēs dzīvojam pēc Dieva Vārda, attīrāmies no grēkiem, cik skaista mūsu izkoptā sirds, būs atkarīgs arī mums dāvātais garīgās mīlestības spēks. No šīs garīgās ticības mēra būs atkarīgs arī tas, kādu mājokli mēs iegūsim: Paradīzi, Pirmo Debesu Valstību, Otro Debesu Valstību, Trešo Debesu Valstību vai Jauno Jeruzalemi.

Paradīze – priekš tiem, kas bija glābti pēc ticības, pieņemot Jēzu Kristu. Tas nozīmē, ka viņi neko nav darījuši priekš Debesu Valstības. Pirmā Debesu Valstība gaida tos, kas, pieņemot Jēzu Kristu, centās dzīvot pēc Dieva Vārda. Šī mājvieta daudz skaistāka par Paradīzi. Otrā Debesu Valstība priekš tiem, kas dzīvoja pēc Dieva Vārda, mīlot Dievu, un bija uzticīgi Debesu Valstībai. Trešā Debesu Valstība sagatavota priekš tiem, kas tik ļoti mīlēja Dievu, ka atbrīvojušies no visām ļaunuma formām, kļuva sirdsšķīsti. Jaunā Jeruzaleme paredzēta tiem, kas bija ar Dievam tīkamu ticību un bija uzticīgi visā Dieva namā.

Jaunā Jeruzaleme – tā ir Debesu mājvieta, paredzēta priekš Dieva bērniem, kas ar ticību izkopuši pilnīgu mīlestību savā sirdī, kura kļuvusi burtiski mīlestības kristāls. Īstenībā neviens, izņemot Jēzu Kristu, Dieva Vienpiedzimušo Dēlu, neatbilst prasītajiem kritērijiem, lai ieietu Jaunajā Jeruzalemē.

Taču arī mēs, Viņa radījumi, varam ieiet Debesu Jeruzalemē, saņemot taisnošanu caur dārgajām Jēzus Kristus asinīm un iegūstot pilnīgo mīlestību.

Lai kļūtu līdzīgi Kungam un mājotu Jaunajā Jeruzalemē, mums jāiet pa to ceļu, kuru gāja Kungs. Viņa ceļš – tā ir mīlestība. Tikai tāda mīlestība ļaus mums, pienesot Desmit Svētā Gara augļus un piepildot Svētības Baušļus, kļūt cienīgiem saukties par patiesiem Dieva bērniem, kuriem ir tāds raksturs, kā Kungam. Kā tikai mēs sāksim atbilst prasību kritērijiem, kas atbilst īstiem Dieva bērniem, mēs sāksim saņemt visu, par ko arī neprasītu uz šīs zemes un saņemsim privilēģiju būt blakus Kungam mūžīgi Debesīs. Tādā veidā, ja mums ir ticība, tad mēs varēsim uziet Debesīs, bet, ja mums ir cerība, tad spēsim attīrīties no grēkiem. Tādēļ ticība un cerība mums ļoti nepieciešamas. Bet mīlestība ir pārāka. Tādēļ, ka mēs ieiesim Jaunajā Jeruzalemē tikai pie noteikuma, ka mūsos ir mīlestība.

„Nepalieciet nevienam neko parādā kā vienīgi, ka jūs cits citu mīlat. Jo, kas otru mīl, tas ir piepildījis bauslību. Jo baušļi: tev nebūs pārkāpt laulību, tev nebūs nokaut, tev nebūs zagt, tev nebūs iekārot un ja vēl ir kāds cits bauslis, saņemami kopā šinī vārdā, proti: mīli savu tuvāko kā sevi pašu. Mīlestība tuvākajam ļaunu nedara: tātad bauslības piepildījums ir mīlestība," (Vēstule Romiešiem 13:8-10).

*„Nepalieciet nevienam neko parādā kā vienīgi, ka jūs cits citu mīliet. Jo kas otru mīl, tas ir piepildījis bauslību. Jo baušļi: tev nebūs pārkāpt laulību, tev nebūs nokaut, tev nebūs zagt, tev nebūs iekārot un ja vēl ir kāds cits bauslis, saņemami kopā šinī vārdā, proti: mīli savu tuvāko kā sevi pašu. Mīlestība tuvākajam ļaunu nedara, tātad bauslības piepildījums ir mīlestība,"*

(Vēst. Romiešiem 13:8-10)

# 3. daļa
# Bauslības piepildījums ir mīlestība

1. nodaļa : Dieva mīlestība

1. nodaļa : Kristus mīlestība

# Dieva mīlestība

*„Mēs esam atzinuši un ticam mīlestībai, kas Dievam ir uz mums. Dievs ir mīlestība, un, kas paliek mīlestībā, tas paliek Dievā un Dievs viņā,"*
(1. Jāņa vēstule 4:16)

Strādājot ar indiāņu cilti Kuačua, Eliots sāka gatavoties tam, lai iegūtu kontaktu ar Haorani cilti, kas bija pazīstama ar savu cietsirdību. Viņš, kopā ar četriem citiem misionāriem Edomu Mankulu, Rodžeru Juderiānu, Pīteru Flamingonu un viņu pilotu Nati Seitonu sāka kontaktēties ar Haorani indiāņiem, atrodoties lidmašīnā un izmantojot skaļruņus. Viņi nolaida tiem dāvanas groziņā. Un pēc dažiem mēnešiem vīrieši nolēma iekārtoties netālu no šīs indiāņu cilts pie Kurarejas upes. Pie viņiem vairākas reizes atnāca neliela Haoranu indiāņu grupa. Vienu no tiem, kuru viņi sauca par Džordžu (viņa īstais vārds Naenkivs) viņi pat pavizināja lidmašīnā. Tādu draudzīgu attiecību iedvesmoti misionāri sāka plānot satikšanos ar Haorani, taču viņu plāni tika izjaukti atnākot lielai Haorani indiāņu grupai, kuri 1956. gada 8. janvārī nogalināja Eliotu un viņa četrus pavadoņus. Sakropļotais Eliota ķermenis bija aiznests lejup pa upes tecējumu, kur tas arī bija atrasts kopā ar citiem misionāriem, izņemot Edu Mankulu.

Eliots un viņa draugi uzreiz pat kļuva pazīstami pasaulē kā ticības mocekļi; žurnāls "Life Magazine" nopublicēja rakstu 10 lappušu garumā par viņu misijas darbu un nāvi. Viņu nopelns bija tas, ka viņi izraisīja tā laika jauniešu interesi par kristiešu misionāru darbu, un līdz šim laikam viņi ir kā piemērs kristiešiem – misionāriem, kas strādā visā pasaulē. Pēc vīra nāves Elizabete Eliota un citi misionāri sāka strādāt starp Auka indiāņiem, uz kuriem viņi atstāja lielu iespaidu un no kuriem daudzi pievērsās kristietībai. Ar Dieva mīlestību bija iemantotas daudzas dvēseles.

„Nepalieciet nevienam neko parādā kā vienīgi, ka jūs cits citu mīliet. Jo kas otru mīl, tas ir piepildījis bauslību. Jo baušļi: tev nebūs pārkāpt laulību, tev nebūs nokaut, tev nebūs zagt, tev nebūs iekārot un ja vēl ir kāds cits bauslis, saņemami kopā šinī vārdā, proti: mīli savu tuvāko kā sevi pašu. Mīlestība tuvākajam ļaunu nedara, tātad bauslības piepildījums ir mīlestība," (Vēst. Romiešiem 13:8-10).

Visaugstākā mīlestība no visām iespējamām mīlestības izpausmēm ir Dieva mīlestība uz mums. Dieva mīlestība ir pamatā visam, ko Viņš radījis, ieskaitot cilvēku.

Mīlestība pamudināja Dievu radīt visu, un tajā skaitā arī cilvēci.

Iesākumā plašā visuma telpa bija apslēpta Pašā Dievā. Un tas visums atšķīrās no tā, kas mums pazīstams šodien. Šī ir telpa, kurai nav ne sākuma, ne gala, tai nav robežu. Viss notiek saskaņā ar Dieva gribu un ar to, kas apslēpts Viņa sirdī. Tad priekš kam tad Dievs radīja cilvēku, ja Viņš visuvarens un Viņam viss ir?

Viņš gribēja īstus bērnus, ar kuriem Viņš varētu dalīties Savas pasaules skaistumā, kas sagādāja Viņam iepriecinājumu. Viņš gribēja padalīties ar Savu telpu, kurā viss bija radīts tā, kā Viņam gribējās. Tas pats notiek arī ar cilvēkiem: viņiem gribas dalīties ar to labo, kas viņiem ir, ar saviem mīļajiem. Dievs ieplānoja cilvēces audzēšanu cerībā iegūt patiesus bērnus.

Vispirms, Viņš sadalīja vienoto visumu fiziskajā un garīgajā pasaulē, radīja Debesu karapulkus, eņģeļus un citas garīgas būtnes, un visu, kas bija vajadzīgs garīgajai pasaulei. Viņš radīja priekš Sevis mājas vietu, un tāpat Debesu Valstību, kur vajadzēja dzīvot Viņa īstajiem bērniem. Bez tam, Viņš radīja telpu, kurā notiktu cilvēces audzēšana. Neizmērojami liels laika periods bija pagājis, pirms Viņš radīja zemi fiziskajā pasaulē, kopā ar sauli, mēnesi, zvaigznēm un apkārtējo dabas pasauli, kuras bija nepieciešamas priekš cilvēka dzīves.

Dievam apkārt ir daudz garīgo būtņu, vieni no tām – eņģeļi, un viņi bez ierunām paklausa Viņam, kā roboti. Tās nav tās dzīvās būtnes, ar kurām Dievs varētu dalīties Savā mīlestībā. Dievs radīja cilvēku pēc Savas līdzības, lai iegūtu īstus bērnus, ar kuriem Viņš varētu padalīties Savā mīlestībā. Ja mums būtu roboti ar patīkamu izskatu un gatavi izpildīt visu, ko jūs vēlēsieties, vai viņi jums varētu aizstāt jūsu pašu bērnus? Neskatoties uz to, ka bērni reizēm var būt nepaklausīgi, viņi vienalga jums dārgāki par jebkuriem robotiem, tādēļ ka spējīgi sajust jūsu mīlestību un atbildēt jums ar to pašu. Tas pats attiecas arī uz Dievu. Viņš gribēja, lai viņam būtu īsti bērni, ar kuriem Viņam būtu sirsnīga tuvība. Šī mīlestība mudināja Dievu radīt pirmo cilvēku, kurš bija Ādams.

Pēc tam, kad Dievs radīja Ādamu, Viņš iestādīja dārzu Ēdenes austrumos, un tur novietoja Ādamu. Ēdenes dārzs bija Dieva iestādīts speciāli priekš Ādama. Tā – noslēpumaini brīnišķa vieta, kur aug skaistas puķes un koki, klejo dažādi dzīvnieki. Un visur tajā – augļu pārpilnība. Dārzā bija jūtams maigs, kā zīds vējiņš, un zāles čabēšana atgādināja čukstus. Ūdens spīguļoja, kā dārgakmeņi, atstarojot gaismu. Šīs vietas skaistumu nespētu aprakstīt pat cilvēki ar ļoti bagātu iztēli.

Dievs tāpat deva Ādamam palīdzi – Ievu. Nepavisam ne tādēļ, ka Ādams tad sajutās vientuļš. Taču Dievs, Kurš tik ilgi bija viens, saprotot Ādama sirdi, visu paredzēja iepriekš. Tādos lieliskos apstākļos, ko Dievs radīja, Ādams un Ieva dzīvoja kopā ar Dievu ilgu laiku, baudot varu pār visu radību.

## Dievs audzē ļaudis, lai darītu tos par Saviem īstiem bērniem.

Bet, lai sauktos par īstu Dieva bērnu, Ādamam un Ievai kaut kas pietrūka. Lai arī Dievs atdeva viņiem visu Savu mīlestības pārpilnību, viņi nevarēja pa īstam novērtēt Viņa mīlestību. Viņi baudīja visu, ko viņiem bija devis Dievs, bet viņiem nebija nekā tāda, ko viņi būtu sasnieguši vai nopelnījuši ar pašu pūlēm. Tādēļ viņi nesaprata, cik vērtīga ir Dieva mīlestība un nejuta pateicību par to, kas viņiem bija nodots īpašumā. Bez tam, viņi nekad nebija redzējuši ne nāvi, ne nelaimes un tātad nezināja dzīvības vērtību. Ne reizi nepiedzīvojuši ienaidu, viņi nevarēja novērtēt mīlestības nozīmi. Viņi uzņēma visu tikai ar prātu un, esot bez personīgās negatīvās pieredzes, nespēja sajust patiesu mīlestību savā sirdī.

Tur arī slēpjas patiesais iemesls tam, kādēļ Ādams un Ieva ēda augli no laba un ļauna atzīšanas koka. Dievs viņiem teica: „... jo tai dienā, kad tu ēdīsi no tā, tu mirdams mirsi," tomēr viņi nesaprata vārda „mirt" patieso nozīmi (1. Mozus 2:17). Vai tad Dievs nezināja, ka viņi gatavojas ēst augli no ļauna un laba atzīšanas koka? Zināja. Viņš zināja, bet Viņš deva iespēju Ādamam un Ievai izvēlēties paklausību pašiem labprātīgi. Tajā ietverta cilvēces audzēšanas providence.

Caur cilvēces audzēšanu Dievs gribēja, lai ļaudis, piedzīvojuši asaras, nelaimes, sāpes, nāvi un tamlīdzīgas lietas, pēc tam, kad viņi nokļūs Debesīs, varētu pa īstam saprast, cik dārgas ir Debesu vērtības un baudīt patiesu laimi. Dievs vēlas mūžīgi dalīties Savā mīlestībā ar viņiem Debesīs, kuras nav salīdzināmas ne ar ko un brīnišķākas pat par Ēdenes dārzu.

Pēc tam, kā Ādams un Ieva parādīja nepaklausību Dieva Vārdam, viņi vairāk nevarēja dzīvot Ēdenes dārzā. Un tā kā Ādams pie tam vēl arī zaudēja visas radības pārvaldītāja varu, tad visi dzīvnieki un augi arī bija nolādēti. Nolādēta kļuva arī Zeme, kura pirms tam izcēlās ar pārpilnību un skaistumu. Tagad uz tās auga dadži un ērkšķi, tādēļ ļaudis nesaņems nekādu ražu, ja viņi nestrādās pūloties vaigu sviedros.

Lai arī Ādams un Ieva nepaklausīja Dievam, Viņš vienalga izgatavoja viņiem ādas drēbes un apģērba tos, jo viņiem tagad stāvēja priekšā dzīvot citos apstākļos (1. Mozus 3:21). Dieva sirds, noteikti lūza sāpēs, kā arī visiem vecākiem, kuri atdalās no saviem bērniem, lai viņi varētu sagatavoties nākotnes dzīvei. Neskatoties uz tādu Dieva mīlestību uz cilvēkiem, drīzumā pēc tā kā sākās cilvēces audzēšana, ļaudis iestiga grēkos un ļoti ātri attālinājās no Dieva.

Vēstulē Romiešiem 1:21-23 teikts: „Jo, pazīdami Dievu, viņi to nav turējuši godā, kā Dievu un Viņam nav pateikušies, bet savos spriedumos krituši nīcības gūstā un savā siržu neprātā iegrimuši tumsā. Dižodamies ar savu gudrību, viņi kļuvuši nelgas, un apmainījuši neiznīcīgā Dieva godību pret iznīcīgiem cilvēkam un putnam, lopiem un rāpuļiem līdzīgiem tēliem."

Šai grēcīgajai cilvēcei Dievs parādīja Savu providenci un mīlestību caur izredzēto Izraēlas tautu. No vienas puses, kad viņi dzīvoja pēc Dieva Vārda, Viņš demonstrēja tiem apbrīnojamas zīmes un brīnumus un dāsni svētīja viņus. No citas puses, kad viņi attālinājās no Dieva, pielūdza elkus un grēkoja, Dievs sūtīja viņiem praviešus, lai tie stāstītu par Viņa mīlestību.

Viens no tādiem praviešiem bija Hozeja, kurš dzīvoja drūmajā laikmetā pēc Izraēlas sašķelšanās Ziemeļu Izraēlā un Dienvidu Jūdejā.

Vienreiz Dievs deva Hozejam īpašu uzdevumu, sakot: „Ej, ņem sev netikli sievu līdz ar netiklībā dzimušiem bērniem, jo zeme arvien vairāk atkrīt no Tā Kunga un kļūst netikla," (Praviešu Hozejas grām. 1:2). Neiespējami pat iedomāties, ka godprātīgs pravietis apprecētu netikli. Un, lai arī Hozeja pilnībā nesaprata Dieva nolūku, viņš paklausīja Viņa vārdam un ņēma sev par sievu sievieti vārdā Gomera.

Viņiem piedzima trīs bērni, tomēr Gomēra aizgāja pie cita vīrieša, piekāpjoties savai iekārei. Bet Dievs teica Hozejam tik un tā mīlēt savu sievu (Praviešu Hozejas grām. 3:1). Hozeja gāja un atradis viņu, izpirka to par piecpadsmit sudraba gabaliem un pusotra sieka miežu.

Mīlestība ar kuru Hozeja attiecās pret Gomēru, simbolizē to, kā Dievs mīl mūs. Sieviete – netikle Gomēra ir cilvēces prototips, kas aptraipīta grēkiem. Tieši tāpat kā Hozeja ņēma par sievu sievieti – netikli, Dievs pirmais iemīlēja visus mūs, aptraipītus ar šīs pasaules grēkiem.

Viņš nodemonstrēja Savu bezgalīgo mīlestību pret mums ar cerību uz to, ka katrs cilvēks, noejot no ceļa, kas ved uz nāvi, kļūs par Viņa patiesu bērnu. Pat, ja viņš sadraudzējies ar pasauli arī uz kādu laiku attālināsies no Viņa, Viņš vienalga neteiks: „Tu atstāji Mani, tādēļ Es nevaru pieņemt tevi atpakaļ." Viņš grib vienu, lai visi atgrieztos pie Viņa. Viņš grib to tikpat karsti, kā vecāki, kuri gaida atgriežamies bērnus, kas aizbēguši no mājām.

## Dievs sagatavoja Jēzu Kristu pirms laikmetu iesākuma.

Līdzība par pazudušo dēlu no Lūkas Evaņģēlija 15. nodaļas parāda Dieva Tēva sirdi. Jaunākais dēls, kurš baudīja pārtikušu dzīvi, nejuta pateicību pret savu tēvu un nesaprata tās dzīves vērtību, kura viņam bija. Un vienu dienu viņš prasīja atdot viņam viņa mantojuma daļu. Viņš bija tipisks izlutināts bērns, kurš pieprasīja savu mantojuma daļu laikā, kad viņa tēvs vēl bija dzīvs.

Tēvs nevarēja apturēt savu dēlu, jo tas vēl nesaprata vecāku sirdis un beigās, rezultātā, viņš atdeva dēlam viņa mantojuma daļu. Laimīgais dēls devās ceļā. No tā brīža arī sākās tēva ciešanas. Viņš stipri pārdzīvoja, domājot: „Bet, ja ar viņu kaut kas atgadīsies? Ja nu pēkšņi viņš satiek ļaunus cilvēkus?" Tēvs satraucoties par dēlu, zaudēja miegu. Un viņš arvien skatījās uz horizontu cerībā, ka viņa dēls atgriezīsies atpakaļ.

Drīzumā dēlam beidzās nauda un ļaudis vairs pret viņu labi neizturējās. Viņš bija nokļuvis tādā briesmīgā situācijā, ka pat savu izsalkumu bija gatavs remdēt ar sēnalām, kuras ēda cūkas, bet neviens nedeva viņam pat tādu ēdienu. Un tad viņš atcerējās par tēva mājām. Viņš atgriezās mājās, taču viņam bija tāds kauns, ka pat savu galvu viņš nespēja pacelt. Bet tēvs skrēja viņam pretī, skūpstīja viņu. Tēvs ne par ko viņu nevainoja; viņš bija tik ļoti laimīgs, ka apģērba viņu labākajās drēbēs un nokāva nobarotu teļu, lai sarīkotu priekš viņa dzīres. Tāda ir Kunga mīlestība.

Dieva mīlestība tiek dota ne tikai īpašiem cilvēkiem īpašā laikā. Pirmā vēstulē Timotejam 2:4, teikts: „Dievs grib, lai visi cilvēki tiek izglābti un nāk pie patiesības atziņas." Viņš visos laikos tur glābšanas vārtus atvērtus, un kad dvēsele atgriežas pie Viņa, Viņš priecīgs un laimīgs sagaida katru dvēseli.

Pateicoties tādai Dieva mīlestībai, Kurš līdz pēdējam neatlaiž mūs, bija atvērts ceļš, lai glābtu katru. Priekš tā Dievs sagatavoja Savu Vienpiedzimušo Dēlu Jēzu Kristu. Vēstulē Ebrejiem 9:22, rakstīts: „Un gandrīz viss tiek šķīstīts asinīs saskaņā ar bauslību, un bez asins izliešanas nav piedošanas." Ar Savām dārgajām Asinīm un Savu dzīvi Jēzus samaksāja cenu, kuru vajadzēja maksāt grēciniekiem.

1. Jāņa vēstulē 4:9, teikts: „Redzama kļuvusi ir Dieva mīlestība mūsu starpā, Dievam savu vienpiedzimušo Dēlu sūtot pasaulē, lai mēs dzīvotu caur Viņu." Dievs lika Jēzum izliet Savas dārgās Asinis, lai izpirktu cilvēci no visiem tās grēkiem. Jēzus bija piesists krustā, bet uzvarēja nāvi un augšāmcēlās trešajā dienā, tādēļ ka bija bezgrēcīgs. Caur to atvērās mūsu glābšanas ceļš. Upurēt Savu Vienpiedzimušo Dēlu nav tik viegli, kā tas var izskanēt. Korejiešu paruna apgalvo: „Vecāki nejutīs sāpes, pat ja viņu bērni trāpīs viņiem acīs." Daudzi vecāki pārliecināti par to, ka viņu bērnu dzīve daudz svarīgāka par viņu pašu.

Tā ka upurējot Savu Vienpiedzimušo Dēlu, Dievs mums parādīja Savu nepārprotamo mīlestību. Bez tam, Dievs sagatavoja Debesu Valstību tiem, kurus Viņš pateicoties Jēzus Kristus Asinīm iegūs no jauna. Cik gan liela šī mīlestība! Taču ar to Dieva mīlestība nav izsmelta.

## Dievs deva mums Svēto Garu, lai aizvestu mūs uz Debesīm.

Dievs dod dāvanā Svēto Garu tiem, kas pieņem Jēzu Kristu un saņem grēku piedošanu. Svētais Gars – tā ir Dieva sirds. Pēc Kunga augšāmcelšanās Dievs sūtīja Palīgu, Svēto Garu mūsu sirdīs.

Vēstulē Romiešiem 8:26-27, mēs lasām: „Bez tam arī Gars nāk palīgā mūsu nespēkam; jo mēs nezinām, ko mums būs lūgt un kā; bet pats Gars aizlūdz par mums ar bezvārdu nopūtām. Bet tas, kas izpētī sirdis, saprot, ko Gars grib, jo tas ar dievišķiem vārdiem nāk palīgā svētajiem."

Kad mēs grēkojam Svētais Gars mudina mūs nožēlot ar bezvārdu nopūtām. Ļaudīm ar mazu ticību Viņš dod ticību, tiem kam nav cerības, Viņš dod cerību. Tā kā māte Viņš maigi un rūpīgi mierina Savus bērnus. Viņš dod mums Savu vadību, lai mēs nekaitētu sev un nenestu nekādus zaudējumus. Viņš palīdz mums iepazīt Dieva sirdi, Kurš mīl mūs un ved mūs uz Debesu Valstību.

Dziļi iepazinuši Dieva mīlestību, mēs nevarēsim neatbildēt Viņam ar to pašu. Ja mēs mīlam Dievu no visas savas sirds, Viņš dāsni atlīdzinās mums par to, un tāpēc mēs būsim mīlestības pārpildīti. Viņš dod mums veselību, Viņš svētīs mūs visā, lai mēs gūtu panākumus. Viņš to dara pēc garīgās pasaules likuma, bet, kas vēl svarīgāk, Viņš vēlas, lai mēs sajustu Viņa mīlestību caur svētībām, kuras mēs saņemam no Viņa. „Es mīlu tos, kas mani mīl, un tie, kas mani laikus meklē, mani arī atrod," (Salamana pamācības 8:17).

Ko jūs sajutāt, kad pirmoreiz satikāt Dievu un saņēmāt dziedināšanu vai atradāt risinājumu savām problēmām? Jūs, iespējams, sajutāt ka Dievs mīl pat tādus grēciniekus, kā jūs. Iespējams, jūs savā sirdī teicāt: „Ja mēs nolemtu aprakstīt Dieva mīlestību, tad mums būtu vajadzīgs pergamenta papīrs debesjuma lielumā un okeāns ar tinti, pie tam arī okeāns drīzumā izsīktu." Un vēl: es domāju, jūs bijāt pārpildīti ar Dieva mīlestību, kurš dāvāja mums mūžīgās Debesis, kurās nav raižu, nelaimju, slimību, šķiršanos un nāves.

Tie neesam mēs, kas pirmie iemīlēja Dievu. Dievs pirmais atnāca pie mums un pastiepa mums Savu roku. Viņš iemīlēja mūs ne tāpēc, ka mēs esam nopelnījuši mīlestību. Dievs mīlēja mūs tik stipri, ka atdeva Savu Vienpiedzimušo Dēlu par mums, grēciniekiem, kas bijām nolemti nāvei. Viņš iemīlēja visus ļaudis; Viņš rūpējas par mums ar mīlestību, pat lielāku par mātes mīlestību, kura nekad neaizmirsīs pabarot savu bērnu (Praviešа Jesajas Grām, 49:15). Viņš pacietīgi gaida mūs tā, it kā tūkstoš gadi – būtu kā viena diena.

Dieva mīlestība – tā ir patiesa mīlestība, kura nemainās pat laika tecējumā. Kad vēlāk mēs uziesim uz Debesīm, mēs vienkārši sastingsim aiz sajūsmas ieraugot kroņu skaistumu, mirdzošos apģērbus un debesu mājas, kas būvētas no zelta un dārgakmeņiem. Visu to Dievs sagatavojis priekš mums. Viņš dod mums dāvanas un balvas, kamēr mēs dzīvojam uz zemes un ar nepacietību gaida to dienu, kad mēs būsim ar Viņu, Viņa mūžīgajā godībā. Aicinu sākt sajust Viņa lielo mīlestību uz mums.

# Kristus mīlestība

*„ Un dzīvojiet mīlestībā, kā Kristus jūs ir mīlējis un mūsu labā sevi nodevis Dievam par upura dāvanu, par jauku smaržu,"*
(Vēst. Efeziešiem 5:2)

Mīlestībai ir liels spēks darīt iespējamu neiespējamo. Īpaši apbrīnojama ir Dieva mīlestība un Kunga mīlestība. Tā var pārvērst nemākulīgus cilvēkus par tādiem ļaudīm, kas spējīgi izdarīt visu, kas vajadzīgs. Kad neizglītoti zvejnieki, nodokļu iekasētāji, kuri tajos laikos tika uzskatīti par grēciniekiem, nabagi, atraitnes un šīs zemes atstumtie cilvēki satika Kungu, viņu dzīve pilnībā mainījās. No viņu nabadzības un slimībām nepalika ne pēdu, un viņi piedzīvoja līdz šim nebijušu mīlestību pret visiem. Viņi uzskatīja sevi par nederīgiem, taču piedzimuši no jauna, pārvērtās par instrumentu, caur kuru darbojās Dievs. Tāds ir mīlestības spēks.

### Jēzus atnāca uz šo zemi, atstājot Savu Debesu godību.

Iesākumā Dievs bija Vārds, un Vārds atnāca uz šo zemi cilvēka miesā. Tas ir Jēzus, Vienpiedzimušais Dieva Dēls. Jēzus nonāca uz šo zemi, lai glābtu cilvēci, kas bija grēku saistīta un nolemta nāvei. Vārds Jēzus nozīmē: „Viņš izglābs Savus ļaudis no viņu grēkiem," (Mateja 1:21).

Cilvēki, notraipīti grēkiem, paši par sevi ne ar ko neatšķiras no dzīvniekiem (Salamans mācītājs 3:18). Jēzus piedzima dzīvnieku kūtī, lai izpirktu cilvēkus, kuri vairs nedarīja to, ko viņiem vajadzētu darīt un ne ar ko nebija labāki par dzīvniekiem. Viņu ielika silē, kas domāta, lai barotu dzīvniekus, lai viņš kļūtu par patiesu barību cilvēkiem (Jāņa 6:52). Dievam bija mērķis – dot iespēju cilvēkiem atjaunot zaudēto Dieva veidolu un ļaut viņiem izpildīt savu paredzēto uzdevumu.

Un vēl, Mateja Evaņģēlijā 8:20 teikts: „Un Jēzus tam saka: Lapsām ir alas, putniem apakš debess ir ligzdas, bet Cilvēka Dēlam nav kur Savu galvu nolikt." Tas ir, rakstīts, ka Viņam nebija kur gulēt; Viņam nācās palikt pa nakti laukā gan aukstumā, gan lietū. Bieži Viņam nebija ēdiena, un Viņš cieta badu. Cieta ne tādēļ, ka būtu bezpalīdzīgs. Tas bija priekš tam, lai izpirktu mūs no nabadzības. 2. Vēstulē Korintiešiem 8:9, rakstīts: „Jo jūs zināt mūsu Kunga Jēzus Kristus žēlastību, ka Viņš bagāts būdams, ir tapis nabags jūsu dēļ, lai Viņa nabadzība kļūtu jums par bagātību."

Jēzus sāka Savu publisko kalpošanu ar brīnumu pārvēršot ūdeni par vīnu kāzu mielastā Kānās. Viņš sludināja Dieva Valstību un rādīja brīnumus un zīmes Jūdejā un Kānās. Daudzi spitālīgie saņēma dziedināšanu, klibie sāka staigāt un lēkāt, dēmonu apsēstie saņēma atbrīvošanu no tumsas spēkiem. Un pat cilvēks, kas bija miris pirms četrām dienām, no kura jau nāca smaka, cēlās augšā un iznāca no kapa (Jāņa 11).

Savā kalpošanas laikā uz zemes Jēzus parādīja cilvēkiem šos apbrīnojamos darbus, lai viņi varētu sajust Dieva mīlestību. Bez tā, esot ar Dieva un Vārda būtību, Viņš pilnībā izpildīja Baušļus, lai kļūtu mums par ideālu piemēru. Un tā kā Viņš izpildīja Bauslību, tad Viņš neapsūdzēja tos, kas pārkāpa Baušļus un bija nolemti nāvei. Viņš vienkārši mācīja ļaudīm patiesību, lai vēl kaut vai viena dvēsele nožēlotu grēkus un saņemtu glābšanu.

Ja Jēzus vērtētu katru stingri pēc Bauslības, tad neviens nevarētu saņemt glābšanu. Baušļi – tie ir Dieva likumi, kuri mums saka, ko darīt un ko nedarīt, no kā atbrīvoties un ko sargāt. Piemēram, ir tādi Dieva baušļi, kā „atcerēties sabata dienu, lai to svētītu," „nekārot pēc tuvākā nama," „godāt savu tēvu un māti," un tāpat pavēles atbrīvoties no visām ļaunuma formām. Šo visu baušļu pamatā atrodas mīlestība. Ja jūs pildāt visas pavēles un likumus, tad jūsu mīlestība parādās darbos.

Taču Dievs grib, lai mēs pildītu Baušļus, ne tikai darot kādus noteiktus darbus. Viņš grib, lai mēs pildītu Baušļus ar mīlestību, kas nāk no sirds. Jēzus, labi zinot Dieva sirds vēlmi, pildīja Baušļus ar mīlestību. Viens no brīnišķīgākajiem piemēriem tam ir sieviete, kas pieķerta laulības pārkāpšanā (Jāņa 8). Kādu reizi rakstu mācītāji un farizeji pieķēra sievieti pārkāpjot laulību, un, nostādījuši viņu vidū, jautāja Jēzum: „Mozus savā bauslībā mums ir pavēlējis tādas nomētāt akmeņiem. Ko tu saki?" (Jāņa 8:5)

Viņi to teica, meklējot iemeslu, lai apsūdzētu Jēzu. Kā jūs domājat, ko tajā brīdī juta sieviete? Viņai, noteikti bija kauns par to, ka viņas grēks tagad kļuvis visiem zināms. Protams, ka viņa drebēja aiz bailēm, jo viņu vajadzēja nomētāt ar akmeņiem līdz nāvei. Ja Jēzus būtu teicis: „Nomētājiet viņu ar akmeņiem," tad viņas dzīve aprautos no uz viņu lidojošo akmeņu sitieniem.

Jēzus tomēr neteica tiem, ka viņu jāsoda saskaņā ar Bauslību. Tā vietā Viņš zemu noliecies, sāka kaut ko rakstīt ar pirkstu uz zemes. Viņš rakstīja nosaucot grēkus, kurus cilvēki parasti dara. Pārskaitījis viņu grēkus, Jēzus iztaisnojās un teica: „Kas no jums ir bez grēka, lai pirmais met akmeni uz viņu," (Jāņa 8:7). Un atkal, noliecies, sāka kaut ko rakstīt.

Šajā reizē Viņš pierakstīja katra cilvēka grēkus tā, it kā Viņš būtu redzējis, kad, kur un kā tie darīti. Tie, kam radās sirdsapziņas pārmetumi, sāka pa vienam izklīst. Beigās palika tikai Jēzus un sieviete. Jāņa Evaņģēlijā 8:10-11, teikts: „Un Jēzus, atkal galvu pacēlis, sacīja viņai: Sieva, kur viņi ir? Vai neviens nav tevi pazudinājis? Viņa atbildēja: Neviens Kungs! Tad Jēzus sacīja: Arī Es tevi nepazudinu; ej un negrēko vairs!"

Vai tad sieviete nezināja, ka, sodot par laulības pārkāpšanu, viņa var tikt nomētāta akmeņiem? Protams, ka zināja. Viņa zināja Bauslību un tomēr sagrēkoja, nemākot uzvarēt savu iekāri. Viņa gaidīja, ka to nodos nāvei par izdarīto grēku, par kuru uzzināja visi, bet negaidīti priekš sevis viņa saņēma Jēzus piedošanu. Cik gan viņai vajadzēja būt samulsušai un aizkustinātai! Līdz tam laikam, kamēr viņa atcerēsies par Jēzus mīlestību, viņa nespēs vairs grēkot.

Ja jau Jēzus ar mīlestību piedeva sievietei, kas pārkāpa Baušļus, tad varbūt Bauslība nav spēkā, ja tu mīli Dievu un savus tuvākos? Nē, tas nav tā. Jēzus teica: „Nedomājiet, ka Es esmu atnācis atmest bauslību vai praviešus. Es neesmu nācis tos atmest, bet piepildīt," (Mateja 5:17).

Baušļi palīdz mums uzcītīgi pildīt Dieva gribu. Kad kāds saka, ka mīl Dievu, mēs nevaram izmērīt, cik dziļa un plata ir viņa mīlestība. Viņa mīlestības mērs var tikt novērtēts pateicoties tam, ka ir Baušļi. Ja viņš patiešām no visas sirds mīl Dievu, tad protams, ka viņš pildīs Baušļus. Tādam cilvēkam nebūs grūti izpildīt Baušļus. Vēl vairāk, tādā pat mērā, kādā viņš godprātīgi pilda Baušļus, viņš saņem Dieva svētības un mīlestību.

Taču, tos kas atbalstīja Bauslību Jēzus laikā, neinteresēja Dieva mīlestība, kas ietverta Baušļos. Viņi netiecās uz to, lai šķīstītu savas sirdis, priekš tiem bija svarīgi ievērot tikai visas formalitātes. Viņi bija apmierināti un lepni ar to, ka pildīja Baušļus. Un uzskatot, ka vienīgi viņi pilda Baušļus, viņi nosodīja tos, kas pēc viņu domām, Baušļus pārkāpa. Bet, kad Jēzus izskaidroja Baušļu patieso jēgu un stāstīja par Dieva sirdi, viņi runāja, ka Viņam nav taisnība, ka Viņš ir dēmonu apsēsts.

Un tā kā farizejos nebija mīlestības, rūpīga Baušļu pildīšana nedeva viņu dvēselēm nekādu labumu (1. Vēst. Korintiešiem 13:1-3). Viņi neattīrīja savas sirdis no ļaunuma, bet tikai tiesāja un apsūdzēja citus, ar to pašu attālinoties no Dieva. Beigu rezultātā viņi, piesitot krustā Dieva Dēlu, izdarīja grēku, kuram nav piedošanas.

## Jēzus izpildīja krusta providenci, paliekot paklausīgs līdz pat nāvei.

Savas trīs gadu ilgās kalpošanas beigās, neilgi pirms tam, kā sākās Viņa krusta mokas, Jēzus devās uz Ģetzemanes kalnu. Jo tumšāka palika nakts, jo karstāk lūdzās Jēzus, jo Viņam stāvēja priekšā būt piesistam krustā. Viņš no visas sirds lūdzās par to, lai caur Viņa asinīm, kuras bija pilnīgi nevainīgas, visas dvēseles iegūtu glābšanu. Šī lūgšana – lūgums dot spēku izturēt visas ciešanas uz krusta. Viņš karsti lūdzās un Viņa sviedri, kā asins lāses, krita uz zemi (Lūkas, 22:42-44). Tajā naktī Jēzus bija kareivju sagūstīts un aizvests uz nopratināšanu. Rezultātā, Pilāts Viņu tiesāja un piesprieda Viņam nāves sodu. Romiešu kareivji, vedot Viņu uz krustā sišanas vietu uzlika viņam galvā ērkšķu vainagu, spļāva uz Viņu un sita Viņu (Mateja 27:28-31).

Viss Viņa ķermenis bija asinīs. Par Viņu smējās, Viņu sita ar pletnēm visu nakti; izmocīts Viņš uzkāpa Golgātā, nesot koka krustu. Viņam sekoja ļaužu pūlis. Tie kādreiz sveica Viņu saucot „ozianna!", bet tagad šie cilvēki pieprasīja: „Sit Viņu krustā." Jēzus seja bija pārklāta asinīm tik ļoti, ka Viņu nevarēja pazīt. Visi Viņa spēki bija novājināti no sāpēm, pārciestajām mocībām, un Viņam bija neizturami smagi pat paspert soli.

Aizejot līdz Golgātai, Jēzus pieņēma krustā sišanu, lai izpirktu mūs no grēkiem. Lai izpirktu mūs, kas bijām zem Bauslības lāsta, kurš saka, ka alga par grēku – nāve (Vēst. Romiešiem 6:23), Viņš, karājoties pie koka krusta, izlēja visas Savas asinis. Ciešot sāpes no uz Viņa galvas uzliktā ērkšķu vainaga, Viņš piedeva mums mūsu grēkus, kurus mēs darījām savās domās. Viņa rokas un kājas bija naglu caururbtas, lai piedotu mums tos grēkus, ko mēs darām ar rokām un kājām.

Muļķa cilvēki, to nezinot, ņirgājās par Viņu un izsmēja Jēzu, kurš karājās uz krusta. Bet, pat neskatoties uz mokošajām sāpēm, Jēzus lūdzās, lai piedotu tiem, kas Viņu piesita krustā, prasot: „Tēvs! Piedodi tiem, jo viņi nezina, ko dara," (Lūkas 23:34).

No visiem soda veidiem, krustā sišana – viens no pašiem nežēlīgākajiem. Salīdzinājumā ar citiem soda veidiem, notiesātie ar krusta nāvi mocījās no sāpēm daudz ilgāk. Viņu rokas un kājas bija naglu caururbtas, viņu miesa tika plēsta gabalos. Viņi cieta no stipras atūdeņošanās un asinsrites traucējumiem. Tas noveda pie pakāpeniskas iekšējo orgānu funkciju atmiršanas. Tam, kas bija piesists krustā vēl arī vajadzēja ciest no sāpīgiem kukaiņu kodumiem, kuri salidoja saožot asins smaku.

Kā jūs uzskatāt, par ko domāja Jēzus, kad bija pienaglots pie krusta? Viņš nedomāja par tām neizturamām sāpēm, kas plosīja Viņa ķermeni. Viņš domāja par to, kāpēc Dievs radīja cilvēkus, par cilvēces audzēšanu uz zemes un par to, ka Viņam jātiek piesistam krustā, lai pienestu grēku izpirkšanas upuri par cilvēku grēkiem. Un Viņš no visas sirds pienesa pateicības lūgšanas.

Pēc sešām ciešanu stundām pie krusta, Jēzus teica: „Man slāpst," (Jāņa 19:28). Tās bija garīgas slāpes, slāpes atbrīvot dvēseles, kuras nākotnē dzīvos uz zemes, Viņš lūdz mūs aiznest līdz visiem Vārdu par krustu un izglābt viņu dvēseles.

Beidzot Jēzus teica: „Viss piepildīts!" (Jāņa 19:30), un pēc tam pateicis: „Tēvs, Es nododu Savu garu Tavās rokās," (Lūkas 23:46), izlaida garu. Viņš nodeva Savu garu Tēva rokās, jo Viņš, kļūstot par izpirkuma upuri, bija izpildījis Savu pienākumu – atvēris glābšanas ceļu visai cilvēcei. Tas bija moments, kad vislielākā mīlestība bija parādīta darbos.

No tā laika, grēka siena, kas stāvēja starp Dievu un mums, bija sagrauta un mums parādījās iespēja tiešai saskarsmei ar Dievu. Līdz tam, lai saņemtu grēku piedošanu, augstajiem priesteriem bija jāpienes upuri no ļaudīm viņu vārdā, tagad pēc tā jau vairs nebija nepieciešamības. Visi, kas tic uz Jēzu Kristu, var ieiet svētajā Dieva svētnīcā un pielūgt tieši kontaktējoties ar Dievu.

## Jēzus gatavo Debesu mājokļus aiz mīlestības uz mums.

Pirms krusta nāves Jēzus stāstīja Saviem mācekļiem par to, kas notiks. Viņš teica tiem, ka Viņam jāpieņem krusts, lai piepildītos Dieva Tēva providence. Bet mācekļi vienalga satraucās. Lai viņus nomierinātu, Viņš izstāstīja tiem par Debesu mājokļiem.

Jāņa Evaņģēlijā 14:1-3, teikts: „Jūsu sirdis, lai neizbīstas! Ticiet Dievam un ticiet Man! Mana Tēva namā ir daudz mājokļu. Ja tas tā nebūtu, vai Es jums tad būtu teicis: Es noeju jums vietu sataisīt? Un, kad Es būšu nogājis un jums vietu sataisījis, tad Es nākšu atkal un ņemšu jūs pie Sevis, lai tur kur Es esmu, būtu arī jūs." Viņš patiešām uzvarēja nāvi, pacēlās Debesīs daudzu ļaužu acu priekšā. Viņš aizgāja, lai sagatavotu mums Debesu mājokļus. Tad ko gan nozīmē šie vārdi – „Es eju jums sagatavot vietu."

1. Jāņa vēstulē 2:2, rakstīts: "Viņš ir mūsu grēkus izpircis, ne tikai mūsu vien, bet visas pasaules grēkus." Tas nozīmē, teikts, ka katrs var iegūt Debesis, ja viņam ir ticība, tādēļ ka Jēzus sagrāva grēka sienu starp Dievu un mums.

Un vēl Jēzus teica: "Mana Tēva namā ir daudz mājokļu," un tas arī apstiprina, ka Viņš grib, lai visi saņemtu glābšanu. Jēzus neteica, ka ir daudz mājokļu Debesīs, Viņš teica "Mana Tēva namā," tādēļ ka mēs varam saukt Dievu "Aba, Tēvs" pateicoties dārgajām Jēzus Asinīm.

Kungs līdz šim laikam nepārtraukti aizlūdz par mums. Viņš neēd un nedzer, Viņš karsti lūdzas pie Dieva Troņa. Viņš lūdzas par to, lai cilvēku audzēšana uz šīs zemes beigtos ar uzvaru un Dieva godība un dvēseļu panākumi būtu atklāti.

Bez tam, pēc cilvēces audzēšanas beigšanas, kad sāksies Sods Lielā Baltā Troņa priekšā, Viņš turpinās darboties mūsu labā. Šajā Tiesā katra lieta būs izskatīta, kā bez mazākās nogrēkošanās. Jo Kungs būs mūsu aizstāvis, sakot "Es nomazgāju viņu grēku ar Savām asinīm," lai viņi varētu saņemt labākās Debesu mājvietas un balvas Debesīs. Tā kā Viņš nonācis uz šo zemi un piedzīvojis visu, caur ko iet ļaudis, Viņš runās aizstāvot cilvēkus, kā viņu advokāts. Vai gan mēs spēsim līdz galam saprast Kristus mīlestību?

Dievs atklājis mums Savu mīlestību, caur Savu Viendzimušo Dēlu Jēzu Kristu. Šī mīlestība atklājās tajā, ka Jēzus dēļ mums izlēja visas Savas Asinis, līdz pēdējai lāsei. Tā ir neapšaubāma un nemainīga mīlestība, spējīga piedot līdz septiņdesmit reiz septiņdesmit reizēm. Kas var šķirt mūs no šīs mīlestības? Vēstulē Romiešiem 8:38-39, apustulis Pāvils apgalvo: „Tāpēc es esmu pārliecināts, ka ne nāve, ne dzīvība, ne eņģeļi, ne varas, ne lietas esošās, ne nākamās, ne spēki, ne augstumi, ne dziļumi, ne cita kāda radīta lieta mūs nevarēs šķirt no Dieva mīlestības, kas atklājusies Kristū Jēzū, mūsu Kungā!"

Apustulis Pāvils, saprotot šo Dieva mīlestību un Kristus mīlestību, pilnībā atsacījās no sevis, pakļaujoties Dieva gribai, un veltīja savu dzīvi apustuliskai kalpošanai. Viņš nesaudzēja savu dzīvību, sludinot evaņģēliju pagāniem. Un viņš atklāja Dieva mīlestību, pievedot daudz ļaužu uz glābšanas ceļa.

Un kaut arī viņu sauca par „Nācariešu sektas pārstāvi," Pāvils veltīja visu savu dzīvi Evaņģēlija sludināšanai. Viņš sludināja visai pasaulei neizmērojamo Dieva mīlestību un Kunga mīlestību. Es lūdzos Kunga vārdā, lai mēs kļūtu patiesi Dieva bērni, kuri ar mīlestību pildīs Baušļus un dzīvos mūžīgi pašā brīnišķīgākajā Debesu mājoklī, Jaunajā Jeruzalemē, izjūtot abpusēju mīlestību uz Dievu un Kristu.

# Autors:
# dr. Džejs Roks Lī

Dr. Džejs Roks Lī piedzima 1943. gadā, Muanas pilsētā, Džeonmas provincē Korejas Republikā. No divdesmit gadu vecuma dr. Lī cieta no dažādām neārstējamām slimībām un septiņus gadus gaidīja nāvi, bez jebkādas cerības uz atveseļošanos. Bet vienreiz, 1974. gada pavasarī, māsa viņu atveda uz baznīcu, kur viņš nokrita uz ceļiem un lūdzās, un Dzīvais Dievs momentā dziedināja viņu no visām slimībām.

No tās minūtes, kā dr. Lī satikās ar Dzīvo Dievu, viņš patiesi iemīlēja Viņu no visas sirds, un 1978. gadā bija aicināts uz kalpošanu Dievam. Viņš no sirds lūdzās, lai skaidri saprastu Dieva gribu, pilnībā to izpildītu un paklausītu katram Dieva vārdam. 1982. gadā viņš dibināja Centrālo „Manmin" draudzi Seulas pilsētā (Korejas Republikā), un no tā momenta neskaitāmi Dieva darbi, ieskaitot brīnumainas dziedināšanas un Dieva zīmes, bija parādītas šajā draudzē.

1986. gadā dr. Lī saņēma roku uzlikšanu mācītāja kalpošanai ikgadējā Korejas Kristus baznīcas Asamblejā Singkuolā, bet vēl pēc četriem gadiem, 1990. gadā viņa svētrunas sāka translēt uz Austrāliju, Krieviju un uz Filipīnām. Drīzumā viņa svētrunas sāka pārraidīt pa kanāliem „Tālo Austrumu raidstacijas," „"Āzijas raidstacijas" un „Vašingtonas Kristīgā radiostacija."

Pēc trīs gadiem – 1993. gadā žurnāls „Kristīgā pasaule" (ASV) ievietoja Centrālo „Manmin" draudzi piecdesmit labāko pasaules draudžu sarakstā; Kristīgās ticības koledža Floridas štatā (ASV) piešķīra dr. Lī goda doktora pakāpi evaņģelizēšanā; un 1996. gadā Teoloģiskais seminārs Kingsvejā (Aiovas štatā ASV) piešķīra viņam filozofijas doktora pakāpi kristīgajā kalpošanā.

No 1993. gada dr. Lī, novadot lielus evaņģelizācijas pasākumus Tanzānijā, Argentīnā, pilsētās – Losandželosā, Baltimorā, Ņujorkā un Havajās ASV, Ugandā, Japānā, Pakistānā, Kenijā, Filipīnās, Hondurasā, Indijā, Krievijā, Vācijā un Peru, Demokrātiskajā Kongo Republikā, Izraēlā un Igaunijā, kļuva par līderi pasaules misiāniskajā darbā.

2002. gadā par viņa spēcīgo kalpošanu ārzemju lielos evaņģelizācijas pasākumos, vadošās kristīgās avīzes Korejā, nosauca viņu par „Vispasaules atmodas kustības mācītāju." Tajā skaitā par novadīto Ņujorkas lielo evaņģelizācijas pasākumu 2006. gadā, kurš norisinājās visā pasaulē pazīstamā arēnā „Medisona skvēra parkā." Šis notikums tika translēts uz 220 valstīm. Un tāpat par Apvienoto evaņģelizācijas pasākumu 2009. gadā Izraēlā, kas notika Starptautiskajā konvencijas centrā (SKC) Jeruzalemē, Kur viņš drosmīgi pasludināja, ka Jēzus Kristus - Mesija un Glābējs.

Viņa svētrunas tiek pārraidītas uz 176 valstīm caur satelīta raidītājiem, tajā skaitā caur GCN TV. 2009. un 2010. gados pazīstamais kristīgais žurnāls In Victory un aģentūra Christian Telegraph ienesa viņu „10 pašu ietekmīgāko līderu" sarakstā par viņa spēcīgo televīzijas sludināšanu un mācītāja kalpošanu aizrobežu draudzēs.

Pēc datiem uz 2013. gada jūniju Centrālajā draudzē „Manmin" uzskaitīti vairāk kā 120 000 draudzes locekļu. Tās sastāvā 10 000 filiāles visā pasaulē, ieskaitot 56 vietējās filiāles, vairāk kā 125 misionāri nosūtīti uz 23 valstīm, tajā skaitā ASV, Krieviju, Vāciju, Kanādu, Japānu, Ķīnu, Franciju, Indiju, Keniju un daudzām citām valstīm.

Uz šī izdevuma publikācijas laiku, dr. Lī bija izdevis 87 grāmatas, ieskaitot tādus bestsellerus, kā „Atklāsme par mūžīgo dzīvi uz nāves sliekšņa," „Manam dzīve, mana ticība" (2. daļas), „Elle" un „Dieva spēks." Viņa grāmatas bija tulkotas 75 pasaules valodās.

Viņa raksti par kristīgās ticības tēmu publicēti sekojošos periodiskajos izdevumos: The Hankook Ilbo, The IoongAng Daily, The Dong-A Ilbo, The MunhwaIlbo, The Seoul Shinmun, The Kyunghyang Shinmun, The Hankyoreh Shinmun, The Korea Economic Daily, The Korea Herald, The Shisa News un The Christian Press.

Patreizējā laikā dr. Lī ir daudzu misionāru organizāciju un asociāciju vadītājs. Viņš, tajā skaitā, ir vadošais Apvienotajā Jēzus Kristus svētuma draudzes valdē, „Vispasaules Manmin misijas" prezidents. Televīzijas kanāla „Manmin TV" dibinātājs, dibinātājs un vadītājs „Globālā kristīgā tīkla" (GKT) valdē, Vispasaules ārstu - kristiešu tīklā (VĀKT), Starptautiskā „Manmin" seminārā (SMS).

## Citas spilgtākās šī autora sarakstītās grāmatas.

***Debesis I un II***

Precīzs apraksts par lieliskajiem apstākļiem, kuros dzīvo Debesu pilsoņi, spilgts apraksts par dažādu Debesu līmeņu valstībām.

***Atklāsmes par mūžīgo dzīvi uz nāves sliekšņa***

Personīgās dr. Džeja Roka Lī atmiņas – liecības, kurš bija piedzimis no Augšienes un glābts, ejot caur nāves ēnas ieleju, un no tā laika parāda ideālu piemēru tam, kā vajadzētu dzīvot kristietim.

***Elle***

Nopietns vēstījums cilvēcei no Dieva, Kurš negrib, lai pat viena dvēsele atrastos elles dzelmē! Jūs atklāsiet sev līdz šim nezināmas lietas par nežēlīgo zemāko kapu un elles realitāti.

***Mana Dzīve, Mana Ticība I un II***

Dzīve, kas uzplauka pateicoties ne ar ko nesalīdzināmai Dieva mīlestībai, drūmu viļņu vidū, zem nastas smaguma un dziļa izmisuma un izplata pašu labāko garīgo aromātu.

***Ticības mērs***

Kādas mājvietas un kādi vainagi un balvas sagatavotas mums Debesīs? Šī grāmata satur gudrību un pamācības, kas nepieciešamas tam, lai izmērītu savu ticību un izaudzētu to līdz pilnīga brieduma mēram.

www.urimbooks.com